混ぜて冷やす or 焼くだけ

おうちでかんたん
ちいさいスイーツレシピ

塚原佳樹

はじめに

こんにちは。つかはらパティシエこと、塚原佳樹です。

この本は、僕のこれまでの今までパティシエとしての経験と、SNSでお菓子のレシピ発信を続けてきたことで得た経験を詰め込んだ、お菓子作りが初めての方でも作りやすく食べきりやすい小さめサイズのお菓子レシピとなっています。

まず、僕がお菓子作りに興味を持ったのは小学生の頃で、初めて作ったお菓子は生チョコ。

チョコレートに温めた生クリームを混ぜて冷やすだけのすごく簡単な工程で、でき映えはそこそこでした。それでも周りの人に食べてもらい「おいしい！」や「これ自分で作ったの？ すごいね！」「お店の売り物みたい！」と言ってもらえたことが嬉しかったのを今でも覚えています。

そんなことをきっかけに高校卒業後は製菓の専門学校に行き、フランスへ留学、フランスのパティスリーで研修、東京都内のパティスリー数軒でパティシエとして働いてきました。
そんななかで、お菓子作りの面白さをより多くの方にも知っていただこうと思い、SNSでの発信を始めました。

よくあるお菓子のレシピだと、初心者の方が作り始めようと思うと、「そろえる材料が多くて始める前の準備が大変…」「作るときの作業の工程が多くてむずかしそう…」など、少しハードルが高いイメージがあるかと思います。

その「始めるには面倒でむずかしそう…」というハードルをとことん下げるために、プロのパティシエだからこそわかる、やらなくても大丈夫なことはなるべく省き、そろえる材料も少なく、スーパーなどで手に入りやすい物で作りやすいレシピを考えるようになりました。
ただ、やはりお菓子は見た目も楽しさや感動の一つなので、「今までお菓子作りをしたことがない方でも作りやすく、お店で売っているような見た目のお菓子」を意識してレシピを発信しています。

また、僕自身いろいろなお菓子を作っていると、サイズの大きいお菓子だと食べきるのが大変だったため、またほかにもいろいろなお菓子を作ってみたくなる「少し小さめの食べきりやすいサイズ感」にもしています。

そんな僕の今までの経験から生まれた、お菓子作りが初めての方でも作りやすいレシピをきっかけに、お菓子作りに興味を持っていただき、楽しんでいただけたら嬉しいです。

塚原佳樹

Contents

2	はじめに
6	お菓子作りのハードル 限りなくゼロ！
8	この本で使っている材料
10	そろえたいお菓子作りの道具

少ない材料で驚くほど簡単に作れちゃう
お店クオリティの簡単スイーツ BEST3

12	濃厚ベイクドチーズケーキ
13	とろけるタルトタタン
13	ミルフィーユショコラ
16	Arrangement 濃厚ベイクドチーズケーキのアレンジ ブルーベリーチーズケーキ／抹茶チーズケーキ ミルクティーチーズケーキ
22	ミルフィーユショコラのアレンジ いちごの丸いミルフィーユ／ 抹茶のミルフィーユショコラ

Chapter 1
食べきりサイズ！
直径12㎝の型で作るケーキ

25	ラズベリークランブルタルト
28	Arrangement バナナとチョコのクランブルタルト
29	Arrangement 紅茶とプルーンのクランブルタルト
30	濃厚ガトーショコラ
31	Arrangement 抹茶のガトーショコラ
32	りんごとくるみのタルト
33	スイートポテトタルト
34	バナナキャラメリゼタルト
37	ケークマルブル
39	Arrangement 抹茶ケークマルブル
40	ケークシトロン

43	いちごタルト
46	Arrangement いちごタルトのアレンジ ぜいたくフルーツタルト／2色のピーチタルト
47	バスクチーズケーキ

Extra Recipe 1
冷凍パイシートで簡単スイーツ

50	ごろっとアップルパイ
52	スイートポテトパイ

Chapter 2
オーブン不使用！
冷たいデザートとケーキ

55	素朴なプリン
56	Arrangement ミルクティープリン
57	Arrangement かぼちゃプリン
58	桃のパンナコッタ
60	Arrangement いちごのパンナコッタ
61	ヨーグルトムース
64	フルーツソース2種 ベリーソース／キウイソース
65	レアチーズケーキ
68	抹茶の生チョコタルト
69	Arrangement 生チョコタルト

Extra Recipe 2
バレンタインのとっておきスイーツ

70	生チョコ
72	ブラウニー
74	チョコレートサラミ

Chapter 3

プレゼントにぴったり

ちいさな焼き菓子とクッキー

77　ブルーベリーとクリームチーズのマフィン

78　Arrangement　バナナマフィン

79　プレーンスコーン

82　Arrangement　チョコスコーン

83　プレーンスノーボールクッキー

85　Arrangement　チョコスノーボールクッキー

　　Arrangement　いちごスノーボールクッキー

87　サブレフロマージュ

89　アーモンドチュイール

　　Arrangement　ごまチュイール

Extra Recipe 3

ちょっと頑張ってチャレンジ！

お店みたいな上級者スイーツ

91　バターサンドクッキー

　　ラムレーズン／チョコ

95　バタークリーム

　　Arrangement　チョコバタークリーム

17　Column 1　丸型にシートを敷く方法

27　Column 2　ケーキを型から取り出す方法

35　Column 3　キャラメリゼのコツ

41　Column 4　アイシングって何？

42　Column 5　大きさの違う型で焼きたいときは

45　Column 6　電子レンジで作るカスタードクリーム

49　Column 7　ケーキの切り方

59　Column 8　粉ゼラチンの扱い方

63　Column 9　生クリームの泡立て方

73　Column 10　チョコレートの溶かし方

90　Column 11　お菓子作りQ&A

この本の使い方

・卵はMサイズを使用。個体差があるため、グラム表示を参考に用意してください。

・生クリームは乳脂肪分35％くらいのものが扱いやすくおすすめです。植物性油脂を配合するクリームを使用する場合は、お菓子によっては仕上がりに影響することがあります。

・ナッツ類はローストしたものを使用（塩分無添加）。

・バターや生クリーム、牛乳を電子レンジで加熱する場合は、ラップをかけてください。

・電子レンジの加熱時間は500Wを基準にした目安です。機種によって多少差があるので、様子を見て加熱時間を加減してください。

・電気オーブンを使用しています。メーカーや機種によって多少差があるため、レシピの温度や焼き時間は目安とし、様子を見ながら加減してください。

表紙・本文デザイン／塚田佳奈（ME&MIRACO）

撮影／安彦幸枝

スタイリング／細井美波　あずままちこ　佐藤絵理

調理補助／三好弥生

校正／文字工房燦光

編集担当／安井万季子

　　　　　鈴木菜々子（KADOKAWA）

協力／AWABEES　UTUWA

〔材料提供〕

株式会社cotta

オンラインショップ

https://www.cotta.jp

お菓子・パン作りのための製菓材料・ラッピングの通販サイト。業務用アイテムを少ない単位、かつ手頃な価格で購入できます。

商品の情報は、2024年7月31日現在のものです。状況によって同じものが入手できない場合もあります。あらかじめご了承ください。

お菓子作りのハードル限りなくゼロ！

1

食べきりサイズの
お菓子レシピです

この本で登場する型は直径12cmの丸型だけ。
型をいくつも買わなくても、1つの型で
バリエーションに富んだお菓子が作れます。
小さいから見た目もかわいらしく、
プレゼントにも便利なサイズ感。
食べきれる量なので、気軽に作ってみてください。

この本で使う型は
直径12cmの丸型だけ

ブラウニー
(p.72)

型を使わずに作れる
お菓子もいっぱい！

チョコレートサラミ (p.74)

プレーン
スノーボールクッキー
(p.83)

ごろっと
アップルパイ
(p.50)

簡単なアレンジレシピ
も紹介。組み合わせて
プレゼントするのもお
すすめです。

2

少ない材料で

お菓子作りはそろえる材料が
多くて、それだけでやる気が
ちょっとダウン。
「作業ステップが多いと、
ちゃんとできるか心配になる」
そんな人のために、
材料を必要なものだけに絞り、
気軽に作れるようにしました。

たとえば、
材料たった5つで！

↓

濃厚ベイクドチーズケーキ
(p.12)

お菓子作りを気軽に楽しんでもらいたくて、
この本ではみなさんが迷ったり面倒に思ったりすることをなるべくなしにして、
ハードルをとことん下げてみました。
「これなら作れそう」と思えるレシピがきっと見つかるはずです。

＼ちゃんと／ おいしい！

材料はどれもスーパーで買えるものばかり。
材料の数は少なくてもちゃんと本格的なお菓子が作れます。

3 作業効率アップ＆失敗なし！

「ちょっと面倒だなぁ」
そう感じる作業が1つ2つあると、
お菓子作りのハードルが上がってしまいます。
イチから作らず市販品で代用したり、
電子レンジでできるように工夫したりと
なるべく効率よく、かつ失敗しにくい方法をご紹介しています。

材料たった4つで！

↓

とろけるタルトタタン
(p.13)

型に敷くタルト生地はビスケットで！

バター、卵、小麦粉などを使ってイチから生地を作ると時間がかかるので、砕いたビスケット＋溶かしバターで代用。

市販のビスケット！

チョコレートは電子レンジで溶かす

湯せんで溶かす方法だと、湯や大きいボウルを用意するなど手間がかかるので、手軽に電子レンジでチン！
中に湯が入る心配もありません。

\\ どれもスーパーで買えます！/

この本で使っている材料

お菓子の基本材料

卵
この本ではMサイズを使用し、卵黄1個分＝約20g、卵白1個分＝約30g、全卵1個分＝約50gが目安です。個体差があるため、レシピはグラム数を優先して表示。卵白は余った場合は冷凍できます（使うときは冷蔵室で解凍）。

バター
食塩不使用タイプを使用。室温でやわらかくして空気を含ませたり、溶かして生地に加えたりと使い方はいろいろ。ちなみに、加塩タイプは仕上がりに塩気が加わるのが気にならなければ、お菓子作りに使っても構いません。

小麦粉
この本では薄力粉と強力粉の2種類が登場。グルテン（粘りを出す成分）の含有量が多いのが強力粉、少ないのが薄力粉です。ダマになりやすいため、ふるって使います。また、湿気やにおいを吸収しやすいので、密閉して保管を。

グラニュー糖
クセがなく上品な甘さが特徴。お菓子に甘味や風味をつける以外に、しっとりさせたり（保水性）、焼き色をつけたりする役割もあります。上白糖や三温糖、てんさい糖などで作っても構いません（焼き色など多少違いは出る）。

乳製品

牛乳や生クリームはお菓子にミルクの風味やコクをプラスするほか、生地の水分量の調整にも使います。生クリームは乳脂肪分35％のものを使用（35％以上でもOK）。「クリーム」と表示のあるもの（写真）を選んでください。植物性油脂配合のクリームは乳脂肪分が低く、お菓子の仕上がりに影響することも。

特別な材料はありません。
製菓材料も近所のスーパーで買えるものばかり。
それぞれの特徴や役割、
そろえるときの注意などをまとめたので、参考にしてください。

必要に応じてそろえる製菓材料

ベーキングパウダー
焼き菓子やパンをふっくらと焼き上げるための膨張剤。1回に使う量が少ないので、保存性がよい分包タイプがおすすめです。

粉ゼラチン
液体を口あたりよく固めるための凝固剤で、主にゼリーなどの冷たいお菓子で使用。ムラなく溶かすために、事前に水でふやかします。

アーモンドパウダー
アーモンドを粉末にしたもので、焼き菓子の生地に混ぜるとコクとしっとり感が増します。

ココアパウダー
生地に加えてチョコレートの風味をつけるほか、仕上げに使うことも。製菓用の商品(無糖・純ココア)を選びましょう。

粉糖
グラニュー糖を粉末にしたもので、お菓子の仕上げやアイシングの材料として使用。ふつうの粉糖、溶けにくい粉糖、どちらでもOK。

チョコレート

この本のレシピは製菓用チョコレートと板チョコレート、どちらを使ってもOK。製菓用は味と風味がよく、タブレットなど溶けやすい形状に加工したものが多いです。材料表に「チョコレート(スイート)」とあり、板チョコを使う場合はブラックを選んでください。

ナッツ類

香ばしさとコクがあり、生地に加えたり飾りとして使ったりします。歯ざわりも食感のアクセントに。塩分が添加されたおつまみ用の商品もありますが、お菓子には塩分無添加のローストタイプを選びましょう。製菓用の生のナッツの場合はオーブンでローストしてから使います。

＊アレンジレシピなどでは、ここでご紹介していない材料が登場することがあります(該当ページなどで商品の紹介や代替品のアドバイスあり)。

\ 作業の前にチェック！ /
そろえたいお菓子作りの道具

量る

デジタルスケール
ベーキングパウダーや粉ゼラチンなど少量を使う材料もあるため、1グラム単位で量れるタイプがおすすめ。容器をのせてメモリをゼロに設定できる風袋機能は材料を加えながら次々に計量できて便利です。

混ぜる

ボウル
ガラス、ステンレス、プラスチック、どんな材質でもよいのですが、電子レンジ対応のタイプが1つあると便利（写真は耐熱ガラス製）。直径24〜26cmが使い勝手がいいです。泡立てたり、底から大きく混ぜたりすることもあるので、サイズが小さすぎると作業しづらいこともあります。

ゴムべら
へら部分と柄が一体型のタイプが洗いやすいです。鍋を火にかけた状態でゴムべらで混ぜることもあるので、耐熱性のものがおすすめです。

泡立て器
長さ27cmくらいのものがおすすめ。あまり小さいとうまく力が入らず、作業しづらいことも。ワイヤー部分がしっかりしたものを選びましょう。

「計量は正確に！」
お菓子作りで
とても大事なことです。

この本で登場するお菓子作りの道具を作業段階別にご紹介します。
料理と共通する道具もあり、
作りたいお菓子によって使う道具も異なるので、
必要に応じてそろえましょう。

その他 あるとよいもの

ざるは粉類をふるうときに、茶こしはさらに粒子のこまかい粉糖を振るときなどに使用。はけは接着や照り出し用の溶き卵を塗るときに、バットはガナッシュや生チョコを冷やし固める容器として使います。

目のこまかいざる

はけ　茶こし
バット

成形・焼く

直径12cmの丸型
この本で使用する型は、直径12cmの共底タイプの丸型だけです。軽くて熱伝導率がよいアルマイト加工。内側に主にクッキングシートを敷いて使います。

めん棒
生地をのばすときに使用。長さ40cmくらいのものが使いやすいです。ない場合は、ワインの瓶などで代用しても。のし板（ペストリーボード）はなくても調理台やまな板で十分です。

クッキングシート
耐熱のシートで使い切りタイプ。生地がくっつかないよう型の内側や天板に敷いて使います。

オーブンについて

電気オーブンを使用。焼く前に指定の温度に予熱することを忘れずに（予熱完了までに10〜15分かかる）。焼いている途中で何度も開け閉めすると庫内の温度が下がってしまうので、状態の確認はある程度焼き上がった段階で行いましょう。メーカーや機種によっても差があるため、レシピの温度や焼き時間は目安として、様子を見ながら加減してください。

1
濃厚ベイクドチーズケーキ
→ 作り方はp.14

大人気のチーズケーキは、材料は5つだけ。
土台は市販のビスケット、生地は混ぜるだけで、
初心者でも絶対においしく作れます。
冷蔵で2〜3日もつので、手土産にもおすすめ。

ここが簡単！
土台はビスケットで！

少ない材料で驚くほど簡単に作れちゃう

お店クオリティの
簡単スイーツBEST3

インスタグラムで紹介するなかでも「簡単！ おいしい！ 見た目も素敵！」と好評の
お菓子3品をご紹介します。材料少なめで簡単、
食べきりサイズのレシピなので、気軽に作ってみてください。

3

ミルフィーユショコラ
→ 作り方は p.20

お店で食べる・買うイメージのあるお菓子ですが、
市販の冷凍パイシートを使えば、
パイを焼いてガナッシュをはさむだけ。
ポイントさえ押さえれば、簡単に作れて見た目も素敵。

ここが簡単！ 冷凍パイシートでラクラク！

ここが簡単！ オーブンを使いません！

2

とろけるタルトタタン
→ 作り方は p.18

本来はオーブンで作るお菓子ですが、オーブン不使用、
冷やして作る簡単バージョンをご紹介します。
りんごは電子レンジで下煮し、コトコト煮る時間を短縮。

混ぜて焼くだけなのに、このおいしさ！
濃厚ベイクドチーズケーキの作り方

隅まで押さえる！

材料を順に混ぜるだけ

1 タルト生地を型に敷く

ビスケットはポリ袋に入れ、めん棒でたたいてこまかく砕き、溶かしたバターを加えて混ぜる。型に入れてならし、スプーンで全体をしっかり押さえて、冷蔵室で約20分冷やす。

目安はこのくらい！

ポリ袋は厚手がおすすめ。ビスケットは粗く砕くと完成時に底が崩れやすくなるので、こまかく！

2 チーズ生地を作る

クリームチーズはボウルに入れてゴムべらでほぐし、グラニュー糖を加えて混ぜる。溶きほぐした卵を加え、泡立て器でよく混ぜる。

★オーブンは190℃に予熱開始

材料（直径12cmの丸型1個分）

タルト生地
- ビスケット（市販品）― 70g
- バター（食塩不使用）― 40g

チーズ生地
- クリームチーズ ― 200g
- グラニュー糖 ― 50g
- 卵 ― 100g（約2個）

準備

- クリームチーズは室温にもどす。
（急ぐときは p.48「クリームチーズがかたいときは」を参照）
- バターは電子レンジ（500W）で30〜40秒加熱して溶かす。
- 型にクッキングシートを敷く（p.17参照）。

190℃ 35分

ケーキの切り方のコツは p.49 に

3 型に入れて焼く

1の型に流し入れ、台に軽く打ちつけて中の空気を抜く。190℃のオーブンで約35分焼く。

from Tsukahara

焦げそうなときは、ほどよい焼き色がついた時点でアルミホイルか二つ折りにしたクッキングシートをかぶせるといいですよ。

4 型のまま冷やす

型に入れたまま粗熱をとり、ラップをかけて冷蔵室で3時間以上冷やす。熱めの湯に浸したふきんを型の側面や底にあてて温め、ケーキを取り出す（p.27参照）。

from Tsukahara

焼きたてはやわらかくて崩れやすいため、型のまま冷やします。時間をおくと生地がしまって切りやすくなり、味もなじみます。

Arrangement

濃厚ベイクドチーズケーキのアレンジ

みんな大好きなチーズケーキは味のバリエーションが広がるとうれしいですね。
下記はプラスするものが少し変わるだけの簡単アレンジです。

＊準備は「濃厚ベイクドチーズケーキ」(p.15)と同様

190℃
35分

190℃
35分

ブルーベリーチーズケーキ

甘酸っぱいブルーベリーをプラスして
味と見た目のアクセントに。

材料（直径12cmの丸型1個分）

タルト生地
- ビスケット（市販品）— 70g
- バター（食塩不使用）— 40g

チーズ生地
- クリームチーズ — 180g
- グラニュー糖 — 45g
- 卵 — 90g

冷凍ブルーベリー — 70g

作り方

「濃厚ベイクドチーズケーキ」（p.14〜15）と同様に作るが、手順3で型にチーズ生地の1/3量を流し入れ、凍ったままのブルーベリー2/3量を加える（写真）。残りのチーズ生地を流し入れ、残りのブルーベリーをのせる。あとは同じ。

ブルーベリーが均等に
行き渡るよう、2回に分
けて型に入れる。

抹茶チーズケーキ

抹茶のふくよかな香りとほろ苦さは
チーズの濃厚な味わいと相性抜群です。

材料（直径12cmの丸型1個分）

タルト生地
- ビスケット（市販品）— 70g
- バター（食塩不使用）— 40g

チーズ生地
- クリームチーズ — 200g
- グラニュー糖 — 50g
- 抹茶パウダー（p.39）— 10g
- 卵 — 100g（約2個）

作り方

「濃厚ベイクドチーズケーキ」（p.14〜15）と同様に作るが、手順2でグラニュー糖を加えたあとに抹茶パウダーをふるって加え、混ぜる。あとは同じ。

from Tsukahara

抹茶パウダーはダマになりやすいので、
ふるって加えます。

200℃ 40分

ミルクティーチーズケーキ

こまかく砕いた茶葉を使うのがポイント。
紅茶の香りがふわっと広がる至福のケーキ。

材料（直径12cmの丸型1個分）

タルト生地
- ビスケット（市販品） — 70g
- バター（食塩不使用） — 40g

チーズ生地
- 牛乳 — 70g
- アールグレイの茶葉（粉砕／p.29） — 5g
- クリームチーズ — 180g
- グラニュー糖 — 50g
- 卵 — 100g（約2個）

作り方
1. 「濃厚ベイクドチーズケーキ」の手順1（p.14）と同様にタルト生地を型に敷き、冷蔵室で冷やす。
2. 鍋に牛乳と茶葉を入れて沸騰直前まで温め、火を止める。ふたをして10分蒸らし、再び沸騰直前まで温める。
3. 「濃厚ベイクドチーズケーキ」の手順2〜4（p.14〜15）と同様に作るが、手順2の最後に❷を加えて混ぜる。あとは同じ（温度と焼き時間は異なる。200℃で約40分）。

 from Tsukahara

10分蒸らすのは紅茶の香りと風味を引き出すため。茶葉ごと生地に加えます。ティーバッグを使う場合はすりつぶすか、こして茶葉を取り除いてください。

Column 1
丸型にシートを敷く方法

この本で登場する丸型はクッキングシートを
敷いて使用することが多いので、
敷き方のコツをご紹介します。

1 円形と帯状にシートを切る

底面用はクッキングシートに型をおいて底の外周に沿って印をつけ、はさみで切り取る。側面用は型の高さより約1cm長い幅の帯状に切る。

＼ 長さは型の外周＋
のりしろ1〜2cmを目安に ／

2 型に敷く

底に円形のシートを敷き、側面に帯状のシートを沿わせる。帯状のシートの端がそのままだと気になる場合は、ボウルに余った生地やバターを少量塗ってとめるとよい。

これで準備完了！

オーブン不使用。
冷やして作るから簡単！
とろけるタルトタタンの作り方

レンジ任せでラクラク♪

このくらいの水分量になればOK！

1 りんごを電子レンジで加熱する

フィリングを作る。りんごは皮をむいて8等分のくし形に切り、芯を取り除く。グラニュー糖30gをまぶし、ラップをかけて電子レンジ（500W）で約10分加熱する。

2 キャラメリゼし、りんごを煮る

鍋にグラニュー糖50gを入れて弱めの中火にかける。徐々に色づき、キャラメルの香りがしてくる（混ぜない）。好みの色になったら火を止め、バターを加えて溶かす（キャラメリゼ）。1を汁ごと加え、弱めの中火で混ぜながら3〜4分煮る。

汁気は少しおくとりんごがある程度吸うのでそのままにする。
手順2で煮るため、冷まさなくてもOK。

バターを加えると色づきが止まり、風味やコクも加わる。

＊キャラメリゼのコツはp.35を参照。

材料（直径12cmの丸型1個分）

フィリング
- りんご — 正味350g
- グラニュー糖 — 30g + 50g
- バター（食塩不使用） — 15g

タルト生地
- ビスケット（市販品） — 70g
- バター（食塩不使用） — 40g

準備
・タルト生地用のバターは電子レンジ（500W）で30〜40秒加熱して溶かす。

ぎっしり詰めると仕上がりがきれい

スプーンで全体を押さえる

3 型に敷き詰める

2が温かいうちにフォークを使って型に放射状に敷き詰める。すき間ができたらりんごを切り分けて詰め、残ったキャラメル液をかける。粗熱がとれたらラップをかけて冷凍室で約1時間冷やす。

from Tsukahara
冷凍室で急冷してキャラメル液とりんごを固めると、タルト生地を敷き詰めやすくなります。

4 タルト生地をのせて冷やす

ビスケットはポリ袋に入れ、めん棒でたたいてこまかく砕き、バターを加えて混ぜ、**3**の上にのせて敷き詰める。冷凍室で約3時間冷やし固めたあと、型から取り出す。

from Tsukahara

熱めの湯に浸して絞ったふきんで型を覆って温め、中身を取り出します（p.27参照）。

材料は4つだけ。
意外と簡単で初心者向き！
ミルフィーユショコラの作り方

> ラップを敷くと
> あとで取り出しやすい

> 同じ力で
> 全体をギュッ！

180℃
20分

1 ガナッシュを作る

生クリームは耐熱容器に入れてラップをかけ、電子レンジ（500W）で約1分40秒温める。チョコレートのボウルに加え、泡立て器でなじむまで混ぜる。バット（14×21×高さ3cm）に流してならし、冷凍室で約5時間冷やし固める。

★オーブンは180℃に予熱開始

生クリームは温めてから加えると、チョコレートと混ざりやすい。

2 パイを焼き、途中で押しつぶす

パイシートはクッキングシートを敷いた天板にのせ、180℃のオーブンで約20分焼く。いったん取り出し（オーブンは190℃に設定して焼成状態をキープ）、底が平らなものでしっかり押しつぶす（ここではバットを使用）。

 from Tsukahara

パイがくっつかないよう、
バットの下にクッキングシートを重ねて押します。

材料（7×4×高さ4cmのもの4個分）

ガナッシュ
- 生クリーム ― 120g
- チョコレート（スイート）― 250g

冷凍パイシート（18×18cm）― 1枚
粉糖 ― 適量

準備

- パイシートは焼く10分ほど前に室温におく。
- チョコレートは耐熱ボウルに入れ、電子レンジで溶かす（p.73参照）。
- バット（14×21×高さ3cm）にラップを敷く。

from Tsukahara
ガナッシュは多めにできます。余った分はそのまま食べてください。

お店クオリティの簡単スイーツBEST3 ― ミルフィーユショコラ

パイが隠れるくらいまで

ガナッシュの切り方はp.49を参照

190℃ 20分

3 粉糖を振り、さらに焼く

茶こしで粉糖を全体に振り、190℃のオーブンで約20分焼く。

焼くと粉糖部分がキャラメリゼされ、つやつやに！

4 パイでガナッシュをサンドする

パイが温かいうちに4辺を少し切り落とし、7×4cmに切る（8切れできる）。パイが完全に冷めたら**1**のガナッシュも同じ大きさに切り、パイ2切れではさむ（安定をよくするためにパイは上下ともキャラメリゼした面を上にする）。

from Tsukahara
きれいに仕上げるためにパイの端をカットします。上手に切るコツはまだ湿気を含む温かい段階で作業することと、ケーキやパン用の波刃のナイフを使うこと。ギコギコと表面に切り目を入れたあと押し切りにします。

Arrangement

ミルフィーユショコラのアレンジ

ミルフィーユ用に焼いたパイの形やサンドするものを変えた、簡単で見映えよしのアレンジ。
どちらのお菓子も、パイはキャラメリゼした面を上にしてサンドします。

180℃ 20分 190℃ 20分

いちごの丸いミルフィーユ

丸い形がキュート！
華やかでお店のケーキみたい。

材料（直径6×高さ8cmのもの2個分）
冷凍パイシート（18×18cm）— 1枚
粉糖 — 適量
カスタードクリーム（p.45）— 適量
いちご（小）— 8〜9個

準備
・パイシートは焼く10分ほど前に室温におく。

作り方
❶「ミルフィーユショコラ」の手順2〜3（p.20〜21）と同様にパイを焼き、温かいうちに直径6cmの丸型で抜く（4切れできる／写真）。
❷ カスタードクリームをゴムべらでよくほぐして、スプーンでパイ1切れの中央にいちごの高さくらいになるようにのせ、まわりに半分に切ったいちごを並べてパイ1切れをのせる。カスタードクリーム少量を接着剤代わりにのせ、上にいちごを飾る。残りも同様に作る。

冷めた状態は乾燥していて、型を押す衝撃で表面が崩れやすい。多少湿気が残る温かい状態で型を一気に押すのがコツ。

180℃ 20分 190℃ 20分

抹茶のミルフィーユショコラ

クリスマスバージョンのビッグサイズ。
ガナッシュはちょっと大人の抹茶味です。

材料（7×14×高さ4cmのもの1個分）
ガナッシュ
　生クリーム — 90g
　チョコレート（ホワイト）— 250g
　抹茶パウダー（p.39）— 8g
冷凍パイシート（18×18cm）— 1枚
粉糖 — 適量

準備　「ミルフィーユショコラ」（p.21）と同様。

＊ガナッシュは多めにできます。
余った分はそのまま食べてください。

作り方
❶ ガナッシュを作る。生クリームは耐熱容器に入れてラップをかけ、電子レンジ（500W）で約1分20秒温め、チョコレートのボウルに加えて泡立て器で混ぜる。抹茶をふるって加え混ぜ、ラップを敷いたバット（14×21×高さ3cm）に流してならし、冷凍室で約5時間冷やし固める。
❷「ミルフィーユショコラ」の手順2〜3（p.20〜21）と同様にパイを焼き、温かいうちに4辺を少し切り落とし、7×14cmに切る（2枚できる）。
❸ ❶のガナッシュを7×14cmに切り、❷のパイではさみ、茶こしで粉糖を振る。

Chapter 1

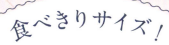

直径12cmの型で作るケーキ

直径12cmの丸型は使い勝手バツグン！
小さめだからすぐに食べきれる量で、
見た目もかわいくてプレゼントにもぴったり。
ご紹介するレシピは混ぜて焼くだけなど
どれも簡単なので、お菓子初心者でも大丈夫。
この丸型1つでいろいろなケーキが作れるので、
気軽にチャレンジしてみてください。

Chapter 1 ラズベリークランブルタルト

土台とクランブルはビスケットで！
ラズベリークランブルタルト

タルト生地やクランブルはイチから作らず
市販のビスケット利用だからとても簡単！
中に詰めるアーモンドクリームも混ぜるだけです。
簡単なのに見た目は上級者風のうれしいお菓子です。

→ 作り方はp.26

材料（直径12cmの丸型1個分）

タルト生地
- ビスケット（市販品）── 70g
- バター（食塩不使用）── 40g

アーモンドクリーム
- バター（食塩不使用）── 45g
- グラニュー糖 ── 45g
- 卵 ── 40g
- アーモンドパウダー ── 45g

冷凍ラズベリー ── 40g
ビスケット（市販品）── 15g

準備

・アーモンドクリーム用のバターは室温にもどす。
・タルト生地用のバターは電子レンジ（500W）で30〜40秒加熱して溶かす。
・型にクッキングシートを敷く（p.17参照）。

from Tsukahara

クランブルは本来、バター、砂糖、
小麦粉などを混ぜて作るのですが、
ここでは市販のビスケットで代用します。
簡単なわりに見た目は本格派。
インスタグラムでも好評のお菓子なので、
アレンジバージョン（p.28〜29）も
ぜひ作ってみてください！

タルト生地を作る

1

ポリ袋で
ラクラク

ビスケットはポリ袋に入れ、めん棒でたたいてこまかく砕く。

from Tsukahara
砕いたビスケットで
袋が破れることがあるので、
厚手のポリ袋を使いましょう。

2

溶かしたバターを加えて混ぜる。

3

隅まで
押さえる!

型に入れてならし、スプーンで全体をしっかり押さえて、冷蔵室で約20分冷やす。

from Tsukahara
バターはビスケットどうしを
つなぐ役割。
一度冷やして土台をなじませます。

型に入れて焼く

7

3の型にアーモンドクリームを入れてスプーンでならす。

8

凍ったままのラズベリーをまんべんなくのせる。

from Tsukahara
ラズベリーの代わりに
冷凍ブルーベリーで作ってもOK!

9

190℃
45分

ビスケットを手で粗く砕いてのせ、190℃のオーブンで約45分焼く。型に入れたまま粗熱をとり、冷蔵室でしっかり冷やしたあとに型から取り出す。

26

アーモンドクリームを作る

4

バターはボウルに入れてゴムべらでほぐし、グラニュー糖を加えて混ぜる。

5

多少分離しても大丈夫!

卵を溶きほぐして3回に分けて加え、そのつど泡立て器でよく混ぜる。

6

アーモンドパウダーを加えてゴムべらで混ぜる。

★オーブンは190℃に予熱開始

from Tsukahara

卵はよく溶いて
白身を切っておきましょう。

Column 2
ケーキを型から取り出す方法

タルト生地やキャラメリゼした具材は冷やすと型の内側に油分がついて固まり、取り出しにくいことも。
そんなときは下記のどちらかの方法を試してみてください。

温めたふきんをあてる

ふきんを熱めの湯（お風呂より少し熱く感じる程度）に浸して絞り、型の側面や底にあてて固まった油分を少しゆるめる。

20〜30秒

10秒ほど

型を湯せんにかける

フライパンや鍋に60〜70℃の湯を張り、型を生地の高さまで浸す。型が冷えた状態のため、熱が伝わってもやけどをする温度にはなりませんが、心配な場合は軍手などをつけて作業しましょう。

型を逆さにして取り出す

皿やまな板などをかぶせて型ごと逆さにする。軽くゆすってそっと型を持ち上げると、ケーキを型から取り出せる。

Arrangement

バナナとチョコのクランブルタルト

絶対においしい
バナナとチョコの王道コンビ。
チョコとクランブル、ダブルの
ザクザク食感がたまりません。

190℃
40分

材料（直径12cmの丸型1個分）
タルト生地
| ビスケット（市販品）— 70g
| バター（食塩不使用）— 40g
バナナ — 正味70g
チョコレート（スイート）— 20g
アーモンドクリーム
| バター（食塩不使用）— 40g
| グラニュー糖 — 40g
| 卵 — 35g
| アーモンドパウダー — 40g
ビスケット（市販品）— 15g

準備
「ラズベリークランブルタルト」(p.25)と同様。

作り方
❶「ラズベリークランブルタルト」の手順**1〜3**(p.26)と同様にタルト生地を型に敷き、冷蔵室で冷やす。

❷ バナナ30gは5mm大に刻み、残りの40gは2cm大に切る（写真）。チョコレートは1cm大に刻む。

❸「ラズベリークランブルタルト」の手順**4〜6**(p.27)と同様にアーモンドクリームを作り、❷の5mm大に刻んだバナナとチョコレートを加えて混ぜる。

❹ ❶の型に入れてスプーンでならし、❷の2cm大に切ったバナナをのせる。ビスケットを手で粗く砕いてのせ、190℃のオーブンで約40分焼く。型に入れたまま粗熱をとり、冷蔵室でしっかり冷やしたあとに型から取り出す(p.27参照)。

アーモンドクリームに混ぜるバナナは小さく切ってなじみやすくし、上にのせるバナナは大きめに切って存在感を出す。

Arrangement
紅茶とプルーンのクランブルタルト

190℃
40分

アーモンドクリームに紅茶を混ぜ込み、
香り豊かに仕上げました。
プルーンのほか、
ドライフィグ（いちじく）やドライ
アプリコットなども紅茶味と合います。

材料（直径12cmの丸型1個分）
タルト生地
- ビスケット（市販品） — 70g
- バター（食塩不使用） — 40g

ドライプルーン — 40g

アーモンドクリーム
- バター（食塩不使用） — 45g
- グラニュー糖 — 45g
- 卵 — 40g
- アーモンドパウダー — 45g
- アールグレイの茶葉（粉砕） — 5g

ビスケット（市販品） — 15g

これを使いました！
cotta アールグレイ
（ブロークン）

茶葉をこまかく砕いてあり、生地に混ぜ込んで使えるため香り豊かで茶葉の存在もアピールできる。50g入り／cotta

準備
「ラズベリークランブルタルト」(p.25)と同様。

作り方
❶「ラズベリークランブルタルト」の手順**1〜3**(p.26)と同様にタルト生地を型に敷き、冷蔵室で冷やす。
❷ プルーンは1cm大に切る。
❸「ラズベリークランブルタルト」の手順**4〜6**(p.27)と同様にアーモンドクリームを作り、茶葉（写真）と❷を加えて混ぜる。
❹❶の型に入れてスプーンでならし、ビスケットを手で粗く砕いてのせ、190℃のオーブンで約40分焼く。型に入れたまま粗熱をとり、冷蔵室でしっかり冷やしたあとに型から取り出す(p.27参照)。

製菓用のこまかく砕いた茶葉を使用。
ティーバッグを使う場合はすりつぶして
使う（刻むだけでは口あたりがやや悪い）。

Chapter 1 ── バナナとチョコのクランブルタルト／紅茶とプルーンのクランブルタルト

溶かす&温める作業は電子レンジで簡単
濃厚ガトーショコラ

180℃
30分

テリーヌのような濃厚でしっとりとしたケーキ。
材料を混ぜて焼くだけ&小さめサイズなので、バレンタインスイーツとしてもおすすめです。

材料（直径12cmの丸型1個分）
- チョコレート（スイート） — 150g
- 生クリーム — 100g
- グラニュー糖 — 20g
- 薄力粉 — 25g
- 卵 — 50g（約1個）

準備
- 卵は室温にもどす。
- 型にクッキングシートを敷く（p.17参照）。

作り方
生地を作る

1. チョコレートは耐熱ボウルに入れ、電子レンジで溶かす（p.73参照）。生クリームは耐熱容器に入れてラップをかけ、電子レンジ（500W）で約1分20秒温め、チョコレートのボウルに加えて泡立て器で混ぜる。
2. グラニュー糖を加えて混ぜ、薄力粉をふるって加え、さらに混ぜる。

★オーブンは180℃に予熱開始

3. 別のボウルに卵を入れ、洗って水気をふいた泡立て器でもったりするまで泡立てる（あればハンドミキサーを使うと便利）。

型に入れて焼く

4. 3を2に加えて泡だて器でなじむまで混ぜ、型に流し入れる。180℃のオーブンで約30分焼き、粗熱がとれたら型から取り出し、ケーキクーラーなどにのせて冷ます。

生クリームもレンジでチン！

チョコレートに冷たい生クリームを加えると分離しやすいので、温めてから加える。

この状態が目安

とろとろと流れ落ち、少し積もって消えるくらいの状態が目安。泡立てて空気を含ませることで、ふんわり焼き上がる。

from Tsukahara

卵を泡立てるには7〜8分かかります。
泡立ちにくいときは、ボウルの底を
50℃くらいの湯につけて
卵をひと肌（36〜37℃）に温めてから
作業すると泡立ちやすくなります。

Chapter 1 ── 濃厚ガトーショコラ／抹茶のガトーショコラ

Arrangement

抹茶のガトーショコラ

ホワイトチョコ＋抹茶で、見た目にインパクトのある和テイストのガトーショコラになります。

180℃
30分

材料（直径12cmの丸型1個分）
チョコレート（ホワイト） ─ 150g
抹茶パウダー（p.39） ─ 6g
生クリーム ─ 70g
薄力粉 ─ 30g
卵 ─ 60g

準備
・「濃厚ガトーショコラ」(p.30)と同様。

作り方
「濃厚ガトーショコラ」(p.30)と同様に作るが、手順1でチョコレートを溶かしたあとに抹茶パウダーをふるって加え、混ぜる。生クリームは電子レンジ（500W）で約1分加熱して加える。あとは同じ。

31

りんごは切って並べるだけ！
りんごとくるみのタルト

りんごとくるみの相性バツグン！
はちみつがアクセントです。
りんごはふじを使っていますが、
種類はお好みでどうぞ。

材料（直径12cmの丸型1個分）

タルト生地
- ビスケット（市販品） — 70g
- バター（食塩不使用） — 40g

アーモンドクリーム
- バター（食塩不使用） — 45g
- グラニュー糖 — 45g
- 卵 — 40g
- アーモンドパウダー — 45g
- くるみ — 30g

りんご — 1/2個（約180g）
はちみつ — 10g

準備
・アーモンドクリーム用のバターは室温にもどす。
・タルト生地用のバターは電子レンジ（500W）で30〜40秒加熱して溶かす。
・くるみはこまかく刻む。
・型にクッキングシートを敷く（p.17参照）。

180℃ 45分

作り方

タルト生地を型に敷く＆アーモンドクリームを作る

1 「ラズベリークランブルタルト」の手順1〜6（p.26〜27）と同様に作るが、手順6の最後にくるみを加えて混ぜる。

りんごの下ごしらえ

2 りんごは芯を除いて3mm厚さに切る（くし形ではなくまっすぐ切る。中央のりんごは大きく、両端は少し小さめになる）。

★オーブンは180℃に予熱開始

アーモンドクリームを詰め、りんごを並べる

3 型にアーモンドクリームを入れてスプーンでならし、2を外側から中央に向けて円を描くように並べ、最後にはちみつを回しかける。

焼く

4 180℃のオーブンで約45分焼く。型に入れたまま粗熱をとり、冷蔵室でしっかり冷やしたあとに型から取り出す（p.27参照）。

少しずつ重ねながら

大きいりんごを外側から並べ、続けて小さいりんごも並べる。全面に並べたら余ったりんごは適当にのせる。

焼きいもで簡単
スイートポテトタルト

甘味が凝縮した焼きいもをつぶして作るフィリングはしっとりして濃厚。サクサク食感のタルトとのコンビはあとを引くおいしさです。

190℃
25分

材料（直径12cmの丸型1個分）

タルト生地
- ビスケット（市販品） — 70g
- バター（食塩不使用） — 40g

フィリング
- 焼きいも — 正味270g
- グラニュー糖 — 40g
- 卵黄 — 40g（約2個分）
- 生クリーム — 60g

卵（照り出し用） — 適量

準備
- バターは電子レンジ（500W）で30〜40秒加熱して溶かす。
- 型にクッキングシートを敷く（p.17参照）。

作り方

タルト生地を型に敷く

1 「ラズベリークランブルタルト」の手順**1〜3**（p.26）と同様にタルト生地を型に敷き、冷蔵室で冷やす。

フィリングを作る

2 焼きいもは皮を除いてボウルに入れ、ゴムべらでつぶしてなめらかにする。グラニュー糖、卵黄の順に加えてそのつどよく混ぜ、生クリームを加えてさらに混ぜる。

★オーブンは190℃に予熱開始

型に入れて焼く

3 1の型に入れてスプーンでならし、表面にはけで溶き卵を塗り、190℃のオーブンで約25分焼く。型に入れたまま粗熱をとり、冷蔵室でしっかり冷やしたあとに型から取り出す（p.27参照）。

焼きいもはしっかりつぶして口あたりをよくする。つぶしにくいときは電子レンジで軽く温めるとよい。

フィリングは材料3つのみ！
バナナキャラメリゼタルト

190℃
45分

ほろ苦いキャラメル液をまとったバナナがおいしすぎ！
ホールサイズ1台がぺろりと消えちゃうかも。

材料（直径12cmの丸型1個分）
タルト生地
| ビスケット（市販品）― 70g
| バター（食塩不使用）― 40g

アーモンドクリーム
| バター（食塩不使用）― 40g
| グラニュー糖 ― 40g
| 卵 ― 35g
| アーモンドパウダー ― 40g

フィリング
| バナナ ― 2本（正味約130g）
| グラニュー糖 ― 50g
| バター（食塩不使用）― 15g

準備
・アーモンドクリーム用のバターは室温にもどす。
・タルト生地用のバターは電子レンジ（500W）で30～40秒加熱して溶かす。
・型にクッキングシートを敷く（p.17参照）。

作り方
タルト生地を型に敷く&アーモンドクリームを作る
1 「ラズベリークランブルタルト」の手順**1～6**（p.26～27）と同様に作る。

キャラメリゼし、バナナにからめる
2 フィリングを作る。バナナは縦半分に切り、約5cm長さに切る。
3 鍋にグラニュー糖を入れて弱めの中火にかける。好みの色になったら火を止めバターを加えて溶かす（キャラメリゼ・詳しくはp.35を参照）。**2**を加えて弱火に約1分かけ、耐熱のゴムべらでキャラメル液を全体にからめ、バットに移して冷ます。

★オーブンは190℃に予熱開始

型に入れて焼く
4 型にアーモンドクリームを入れてスプーンでならし、**3**を敷き詰め、190℃のオーブンで約45分焼く。型に入れたまま粗熱をとり、冷蔵室でしっかり冷やしたあとに型から取り出す（p.27参照）。

弱火でからめる

バナナが入ると温度が下がり、キャラメル液がかたくなるので、弱火にかけてさっとからめる。

バナナは外側から内側に向けて並べるときれい。残ったキャラメル液も加えてならす。

Chapter 1 ──── バナナキャラメリゼタルト

Column 3　キャラメリゼのコツ

砂糖を煮詰めたり、バーナーで焦がしたりして、独特の苦みや香り、
コクを引き出す作業を「キャラメリゼ」といいます。

材料
グラニュー糖　バター（食塩不使用）
＊分量はレシピに合わせて用意する

作り方
1 鍋にグラニュー糖を入れて弱めの中火にかける。グラニュー糖が溶けて徐々に色づき、香ばしい香りがしてくる（混ぜない）。
2 好みの色になったら火を止め、バターを加えて溶かす。

ここから色づく
スピードが速い

このくらいの色で
バターを投入

from Tsukahara

途中で混ぜてはダメ。
砂糖が再結晶化し、
色づきにくい状態に。
鍋をゆする程度なら大丈夫。
また、色の見極めが大事。
余熱でも色づくため、
心配な人は理想の色の
少し手前で火を
止めると
いいですよ。

抹茶ケークマルブル
→ 作り方はp.39

Chapter 1 ── ケークマルブル

{ 溶かしバターを使うから分離の心配なし！ }

ケークマルブル

マーブル模様がユニークなケーキ。
生地は材料を順に混ぜるだけと簡単で、
ココア生地はプレーン生地を取り分けて作るから、
手間はそうかかりません。
気をつけることは、たった1つ！
「2つの生地を混ぜすぎないこと」。

→ 作り方はp.38

材料（直径12cmの丸型1個分）
卵 ── 100g（約2個）
グラニュー糖 ── 100g
アーモンドパウダー ── 30g
薄力粉 ── 70g
ベーキングパウダー ── 3g
バター（食塩不使用） ── 35g
ココアパウダー（無糖） ── 5g

準備
・バターは電子レンジ（500W）で30〜40秒加熱して溶かす。
・型にクッキングシートを敷く（p.17参照）。

切り分ける前はこんな感じ。
ドーム状でかわいい。

from Tsukahara

パウンドケーキなど、バターを練り混ぜて作る生地は、
卵を混ぜるときに分離するというお悩みが多いです。
ここではバターの分量を調整し、
溶かして混ぜるレシピにしたので、
誰が作っても失敗しません！

37

プレーン生地を作る

1

ザラザラが
なくなるまで混ぜる

ボウルに卵とグラニュー糖を入れて泡立て器でよく混ぜる。

2

アーモンドパウダーを加えて混ぜ、薄力粉とベーキングパウダーをふるって加え、さらに混ぜる。

from Tsukahara

事前にふるっておくのは面倒。
ざるの中で合わせて直接ボウルにふるい入れて構いません。

型に入れて焼く

5

何度も
混ぜない!

4をプレーン生地のボウルに戻し入れ、ゴムべらで底から大きく1〜2回返す。

from Tsukahara

ゴムべらで底から持ち上げて返すだけ。
型に入れるときにも混ざり合うので、1〜2回で十分です。

6

170℃
40分

型に流し入れ、170℃のオーブンで約40分焼く。温かいうちに型から取り出し、ケーキクーラーなどにのせて冷ます。

ココア生地を作る

Chapter 1 ケークマルブル／抹茶ケークマルブル

3

バターは事前にレンジでチン！

溶かしたバターを加えて混ぜる。

★オーブンは170℃に予熱開始

 from Tsukahara
溶かしバターなら混ぜるときに分離する心配がありません。

4

 from Tsukahara
スケールで量るのが面倒なら、約1/3量を取り分けてもOK!

3の生地100gを別のボウルに取り分け、ココアパウダーをふるって加え、泡立て器で混ぜる。

パウンド型やマフィン型で焼いてもOK

パウンドケーキは小麦粉、砂糖、バター、卵を同量の割合で使って作るバターケーキの一種。今回の生地は配合を変えていますがバターケーキの仲間なので、市販のパウンド型の紙ケースやマフィン用のベーキングカップで焼くのもプレゼントしやすくておすすめです（温度は同じ、焼き時間は様子を見て調整）。

Arrangement

抹茶ケークマルブル

170℃ 40分

抹茶のグリーンがプレーン生地によく映えます。
模様の出方は切ってみてのお楽しみ。

材料（直径12cmの丸型1個分）
卵 — 100g（約2個）
グラニュー糖 — 100g
アーモンドパウダー — 30g
薄力粉 — 70g
ベーキングパウダー — 3g
バター（食塩不使用）— 35g
抹茶パウダー — 5g

準備
・「ケークマルブル」(p.37)と同様。

作り方
「ケークマルブル」(p.38～39)と同様に作るが、手順4でココアパウダーの代わりに抹茶パウダーをふるって加えて抹茶生地を作り、プレーン生地のボウルに戻す。あとは同じ。

これを使いました！
京都宇治抹茶
パウダー 雅

新茶のみを使用し、香り豊か。焼き菓子に使っても色が飛びにくく深みのあるグリーンをキープ。
30g入り／cotta

生地はどんどん混ぜるだけ！
ケークシトロン

170℃ 40分 → 200℃ 2分

レモンの皮と果汁入りのさわやかなケーキを甘酸っぱいアイシングでコーティング。

材料（直径12cmの丸型1個分）
卵 — 100g（約2個）
グラニュー糖 — 110g
レモンの皮 — 1個分
レモン汁 — 25g
アーモンドパウダー — 25g
薄力粉 — 75g
ベーキングパウダー — 3g
バター（食塩不使用） — 35g
アイシング
| 粉糖 — 50g
| レモン汁 — 10g

準備
・バターは電子レンジ（500W）で30〜40秒加熱して溶かす。
・レモンは皮の黄色い部分をすりおろす。
・型にクッキングシートを敷く（p.17参照）。
・粉糖はふるう。

白いわたの部分は苦味があるので、表皮のみを。

作り方
生地を作る

1 ボウルに卵、グラニュー糖、レモンの皮、レモン汁を入れて泡立て器でよく混ぜる。

★オーブンは170℃に予熱開始

2 アーモンドパウダーを加えて混ぜる。薄力粉とベーキングパウダーをふるって加え混ぜ、溶かしたバターを加えてさらに混ぜる。

型に入れて焼く

3 型に流し入れ、170℃のオーブンで約40分焼く。
4 p.41を参照してアイシングを作る。
5 3を型から取り出し（オーブンは200℃に設定して焼成状態をキープ）、4のアイシングをはけで全体に塗り、オーブンに戻して200℃で約2分焼く。ケーキクーラーなどにのせて冷ます。

全体にまんべんなく！

上面はもちろん、側面にもたっぷりと塗る。アイシングは乾燥しやすいので、作業の直前に準備を。

再度オーブンで焼くのは、表面を乾かすため。焼くと表面が透明になる。

from Tsukahara

レモンは1個あれば大丈夫。1個で40〜50mlの果汁がとれます。
しぼりにくいときは、皮をすりおろしたあとに
電子レンジ（500W）で約30秒加熱するとラクにしぼれます。

Chapter 1 ケークシトロン

Column 4　アイシングって何？

アイシングは砂糖衣のこと。ここではケーキやマフィンなどに塗り、
仕上げに焼いて乾燥させることを前提にしたものについて、レクチャーします。

材料は、たった2つ！
*下記は作りやすい分量

粉糖——50g
レモン汁——10g

混ぜれば完成
なめらかになるまで混ぜ、ゴムべらですくい上げるとゆっくり流れ落ちるかたさが目安。

このくらいの
かたさに

from Tsukahara

アイシングは見た目を
つややかにするほか、
ケーキの乾燥を防ぐ役割も。
レモン汁の代わりに水で
作ることもあります。
湿度や気温が
仕上がりに影響するので、
状態を見ながら
水分量を調整
してください。

Column 5
大きさの違う型で焼きたいときは

この本では主に直径12㎝の型のレシピをご紹介していますが、
お手持ちの違うサイズの型を使いたい場合の計算の仕方を説明します。

今回のレシピで使用している型

直径12㎝
（半径6㎝）

材料を全部
1.56倍にする

たとえば直径15㎝の型で
作りたいなら

直径15㎝
（半径7.5㎝）

丸型→丸型の計算方法

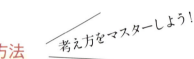
考え方をマスターしよう！

＊高さは同じと考え、丸型どうしなので、円周率は省く

1　2つの型の底面積の比率（X）を割り出す

$(使いたい型の半径)^2 ÷ (レシピの型の半径)^2 = X$

上記の15㎝の型で焼きたい場合は
$(7.5×7.5) ÷ (6×6) ≒ 1.56$　となる

2　材料それぞれにXをかける

丸型どうしのサイズ違い早見表

直径12㎝ → 15㎝	材料×1.56
直径12㎝ → 18㎝	材料×2.25
直径12㎝ → 21㎝	材料×3.06

レシピと違う型で焼くときは、
焼き時間も変わります。
様子を見ながら調整してください。

丸型→スクエア型の場合は？

高さは同じとし、底面積の比率を出すのは
同じですが、形が違うので、
それぞれ底面積を計算します。

スクエア型の底面積÷丸型の底面積＝X

たとえば15×15㎝のスクエア型で作りたいなら
$(15×15) ÷ (6×6×3.14) ≒ 1.99$ となる
スクエア型の底面積　丸型の底面積

from Tsukahara
体積どうしで比率を出す方法でもOK！
型に水を入れて量れば、体積がわかります（重量＝体積）。

Chapter 1 ── いちごタルト

> カスタードは電子レンジでラクラク！
いちごタルト

アーモンドクリームを詰めて焼いたタルトを
いちごと2種類のクリームでデコレーション。
簡単に作れて特別な日にも活躍するケーキです。
→ 作り方は p.44

いちごタルト

材料（直径12cmの丸型1個分）

タルト生地
- ビスケット（市販品） — 70g
- バター（食塩不使用） — 40g

アーモンドクリーム
- バター（食塩不使用） — 25g
- グラニュー糖 — 25g
- 卵 — 20g
- アーモンドパウダー — 25g

カスタードクリーム
- 卵黄 — 20g（約1個分）
- グラニュー糖 — 30g
- 薄力粉 — 10g
- 牛乳 — 90g

ホイップクリーム
- 生クリーム — 30g
- グラニュー糖 — 2g

いちご — 10〜12個
粉糖 — 適量

準備
・アーモンドクリーム用のバターは室温にもどす。
・タルト生地用のバターは電子レンジ（500W）で30〜40秒加熱して溶かす。
・型にクッキングシートを敷く（p.17参照）。
・いちごはヘタをとり、半分に切る。

型にタルト生地を敷く

1

「ラズベリークランブルタルト」の手順**1〜3**（p.26）と同様にタルト生地を作って型に敷き、冷蔵室で冷やす。

アーモンドクリームを作る

2

「ラズベリークランブルタルト」の手順**4〜6**（p.27）と同様にアーモンドクリームを作り、**1**の型に入れてスプーンでならす。

★オーブンは180℃に予熱開始

仕上げ

6

ふちはいちごをのせるスペースを残す

4のカスタードクリームをゴムべらでしっかりほぐしてなめらかにし、**3**のタルトの中央にのせ、タルトのふちを残してスプーンで山高にととのえる。

7

半分に切ったいちごを外側から順に敷き詰め、茶こしで粉糖を振る。**5**のホイップクリームをのせていちごを飾り、軽く押してクリームを広げる。

from Tsukahara

必要な個数はいちごのサイズで多少変わってきます。

Chapter 1 ―― いちごタルト

焼く

3

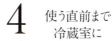

180℃ 25分

180℃のオーブンで約25分焼く。型に入れたまま粗熱をとり、冷蔵室でしっかり冷やしたあとに型から取り出す（p.27参照）。

カスタードクリームを作る

4

使う直前まで冷蔵室に

下記を参照してカスタードクリームを作る。

from Tsukahara

冷やす時間が必要なので、
タルトを焼く間に作っておきましょう。

生クリームを泡立てる

5

この状態を目指す

生クリームとグラニュー糖をボウルに入れ、泡立てる（p.63参照）。やわらかい角が立つくらいが目安。

Column 6
電子レンジで作るカスタードクリーム

鍋で作る場合、状態の見極めや練り混ぜるのに力がいり、ハードルが高め。
電子レンジで作るレシピならラクに作れて、失敗しにくいです。

材料
（作りやすい分量・約100g）
卵黄 ― 20g（約1個分）
グラニュー糖 ― 30g
薄力粉 ― 10g
牛乳 ― 90g

作り方
1. 耐熱ボウルに卵黄とグラニュー糖を入れて泡立て器でよく混ぜ、薄力粉をふるって加え、さらに混ぜる。
2. 牛乳は耐熱容器に入れてラップをかけ、電子レンジ（500W）で約1分30秒温め、**1**に加えてよく混ぜる。
3. ラップをかけ、電子レンジ（500W）で1分加熱し、取り出してよく混ぜる（ラップを外すときはやけどに注意）。これをあと4回繰り返す。
4. ラップを敷いたバットに薄く広げ、乾燥防止に上からラップを密着させる。冷凍室に15分おいたあと、冷蔵室に移して約1時間冷やす。

from Tsukahara

傷みやすいため冷凍室で急冷します。
でき上がりは冷えて弾力が強いため、ゴムべらで
しっかりほぐしてなめらかな状態にして使ってください。

翌日までに食べきってください

3回目の加熱以降、状態はほぼ同じ。取り出したらよく混ぜてなめらかにする。

Arrangement

いちごタルトのアレンジ

タルトの土台を焼いて、デコレーションするところからのアレンジです。
のせるフルーツを変えるだけ。簡単なのに見た目が華やかなほめられタルトです。

「いちごタルト」の手順**1〜3**(p.44〜45)と同様に
アーモンドクリームを詰めてタルトの土台を焼き、
手順**4**と**6**(p.44〜45)と同様にカスタードクリームを作り、
タルトにのせるところまでは共通です。

ぜいたくフルーツタルト

いちごやくし形に切ったキウイ、房に分けて薄皮を除いたオレンジ、ブルーベリー、ラズベリー、ブラックベリーなどをバランスよくのせました。フルーツはこの通りでなくてOK！ 市販のカットフルーツの盛り合わせを使うのもおすすめです。

オレンジは房と房の間の薄皮ギリギリのところにV字に切り込みを入れ、実を取り出す。

ベリー類はいくつかカットして
断面を見せて飾るとおしゃれに見えます

缶詰のフルーツだから
季節を問わず楽しめます

2色のピーチタルト

缶詰の黄桃と白桃をくし形に切り分けてペーパータオルで汁気をふきとります。交互に並べると編み込み模様のような仕上がりになります。彩りに好みでセルフィーユをのせても。

手前と奥の二方向から中央に向けて並べるのがコツ。手で少し寄せるようにして形をととのえて。

Chapter 1

土台なし&生地は混ぜるだけ
バスクチーズケーキ

表面の焼き目とクリームのような
やわらかな食感が特徴のチーズケーキ。
土台なし、材料を混ぜて焼くだけだから、
実は濃厚ベイクドチーズケーキ（p.12）よりも簡単。
ちょっと自慢したくなるケーキです。

→ 作り方はp.48

ぜいたくフルーツタルト／2色のピーチタルト／バスクチーズケーキ

47

バスクチーズケーキ

材料（直径12cmの丸型1個分）
クリームチーズ ― 250g
グラニュー糖 ― 50g
卵 ― 50g（約1個）
薄力粉 ― 10g
生クリーム ― 200g

準備
・クリームチーズは
室温にもどす。
・クッキングシートは
30×30cmに切り、
水でぬらして水気を絞り、
再び広げて型に敷く。

from Tsukahara

クリームチーズ1箱200gで作りたい場合は、ほかの材料に0.8をかけて手順は同様に。焼き時間は2～3分短めに（あくまで目安。様子を見ながら調整が必要）。生地量が減るので、仕上がりの高さは少し低くなります。

生地を作る

1

数回に分けて加えても

クリームチーズはボウルに入れてゴムべらでほぐし、グラニュー糖を加えて混ぜる。溶きほぐした卵を加え、泡立て器でしっかり混ぜ合わせる。

★オーブンは230℃に予熱開始

クリームチーズがかたいときは
急いでいるときは、電子レンジを使ってOK！様子を見ながら30秒ずつ加熱し、ゴムべらで押さえると凹むくらいの状態にします。

型に入れて焼く

4 230℃ 30分

5

型に流し入れ、230℃のオーブンで約30分焼く。

型に入れたままおき、粗熱がとれたら冷蔵室に移す。しっかり冷やしたあとに型から取り出す。

from Tsukahara

焼きたてはやわらかくて崩れやすいため、型のまま冷やします。
取り出すときはシートを引っ張るとちぎれるので、p.27の方法で。

2

薄力粉をふるって加え、混ぜる。

3

生クリームを加えて混ぜ合わせ、ざるなどでこす。

from Tsukahara

ざるでこすことで生地がなめらかになります。
面倒な場合は省いても大丈夫。

Column 7
ケーキの切り方

せっかくケーキを焼いたのに、切り分けるときに形が崩れると悲しいですよね。
きれいに切り分けるコツをご紹介します。

1 包丁は熱めの湯で温める

水分をふきとってからカット

温めると切ったときに包丁の刃につく生地やクリームがゆるみ、断面が汚れにくくなる。

2 まっすぐ押すように切る

途中で止まると段差がつくことも。下まで一気に切る。タルトの場合は刃をあてて切り目を入れ、とっかかりを作ってから同様に。

3 切ったあとは包丁をふく

刃に生地やクリームがついた状態だと、次に切るときに断面が汚れてしまう。1〜3を繰り返してケーキを切り分ける。

Chapter 1 ── バスクチーズケーキ

Extra Recipe 1

冷凍パイシートで簡単スイーツ

パイのお菓子はむずかしいイメージがありますが、
冷凍パイシートを使えば気軽に楽しめます。
パイ生地をのばさずに作るレシピだから、お菓子初心者でも大丈夫！

りんごは電子レンジでチン！
ごろっとアップルパイ

190℃
35分

レンジ加熱した半割のりんご入りでボリューム満点。
パイ生地の切り目をていねいに入れることがお店風のビジュアルに仕上げるコツです。

材料（2個分）
りんご ─ 1個（約360g）
グラニュー糖 ─ 10g
シナモンバター
　バター（食塩不使用）─ 5g
　はちみつ ─ 3g
　シナモンパウダー（好みで）─ 適量
冷凍パイシート（18×18cm）─ 1枚
卵（照り出し用）─ 適量

準備
・バターは室温にもどす。
・パイシートは焼く10分ほど前に室温におく。
・天板にクッキングシートを敷く。

作り方
りんごの下ごしらえ
1 りんごは皮をむいて縦半分に切り、芯を取り除く。耐熱ボウルに入れてグラニュー糖を全体にからめ、ラップをかけて電子レンジ（500W）で約8分加熱し、ラップを外して冷ます。

シナモンバターを作る
2 バターにはちみつとシナモンパウダーを加えて混ぜる。

パイに切り目を入れる
3 パイシートはりんごより少し大きいサイズの正方形に切り（今回は9×9cm）、4枚用意し、上にかぶせるパイ生地2枚に網目になるように切り目を入れる（写真 **a**）。

★オーブンは190℃に予熱開始

包んで焼く
4 天板に残りのパイシート2枚を並べて汁気をきった**1**をのせ、りんごの表面に**2**をまんべんなく塗る。パイシートのふちにはけで溶き卵を塗る（写真 **b**）。
5 **3**の切り目を入れたパイ生地をのせ（写真 **c**）、ふちを指でしっかり押さえて生地をくっつけ、手前の2カ所の角を中央に引っ張るようにして寄せ、指で押さえてとめる（写真 **d**）。反対側も同様にする。
6 表面にはけで溶き卵を塗り、190℃のオーブンで約35分焼く。

from Tsukahara

加熱時に出るりんごの汁気はきらないで。
冷める間にりんごが吸います。
パイの端を中央に寄せる作業は省いて
四角いまま焼いても構いません。

インスタグラムでも
視聴回数No.1の
お菓子です。

Extra Recipe 1 冷凍パイシートで簡単スイーツ ── ごろっとアップルパイ

a 切り目にバラつきがあっても大丈夫

b 溶き卵は接着剤の役割

c 引っ張って切り目を広げながら

d

51

Extra Recipe 1

フィリングは混ぜるだけ！
スイートポテトパイ

180℃
35分

焼きいもをフィリングに。二つに折って押さえるだけなのでアップルパイよりも簡単に作れます。

材料（4個分）
フィリング
| 焼きいも ― 正味60g
| グラニュー糖 ― 15g
| 生クリーム ― 15g
冷凍パイシート（18×18cm） ― 1枚
卵（照り出し用） ― 適量

準備
・パイシートは焼く10分ほど前に室温におく。
・天板にクッキングシートを敷く。

作り方
1 フィリングを作る。焼きいもは皮を除いてボウルに入れ、ゴムべらでつぶしてなめらかにし、グラニュー糖、生クリームの順に加え、そのつどよく混ぜる。
2 パイシートは正方形になるように4等分する（9×9cm）。1をスプーンなどで等分にのせ、パイシートのふちにはけで溶き卵を塗る（写真**a**）。三角形になるように生地を折り、ふちをフォークで押さえる（写真**b**）。
3 表面にはけで溶き卵を塗り、180℃のオーブンで約35分焼く。

フィリングは
中央にこんもりと

a

b

Chapter 2

オーブン不使用！

冷たいデザートと
ケーキ

オーブンを使うお菓子は
ちょっとハードルが高いと感じる人には、
ひんやりタイプのお菓子がおすすめです。
鍋で蒸して作るプリン、グラスで作るパンナコッタ、
冷やし固めるタイプのケーキなど、どれも簡単です。
フルーツをトッピングやソースに使うと
華やかさのあるカフェ風デザートに。

材料3つだから気軽に作れる
素朴なプリン

何度作っても食べ飽きないやさしい味です。
カラメルソースを入れず、かつオーブン不使用で蒸すタイプの簡単レシピです。

材料（容量200mlの耐熱容器3個分）
プリン液
- 卵 — 100g（約2個）
- グラニュー糖 — 50g
- 牛乳 — 360g

好みで生クリーム — 適量

作り方

プリン液を作る
1. ボウルに卵を入れて泡立て器でよく溶きほぐし、グラニュー糖を加えて混ぜる。
2. 鍋に牛乳を入れて沸騰直前まで温め、1に2回に分けて加え、そのつどよく混ぜる。

容器に入れる
3. 2をこして容器に等分に流し入れ、アルミホイルでふたをする。

こすと口あたりのなめらかなプリンに。「す」の原因になる泡もある程度取り除ける。

蒸す
4. 鍋に湯を沸かして（湯の量はプリンの容器の高さの7分目くらい）火を止め、ふきんを1枚入れて3を並べる。ふたをし、中火で3分加熱して火を止め、ふたをしたまま約20分おく。

冷やす
5. 20分たったら鍋から取り出し（やけどに注意）、容器をゆすってみて全体が揺れたらでき上がり。粗熱がとれたらラップをかけて冷蔵室で冷やす。好みで泡立てた生クリーム（p.63参照）をのせる。

水滴が入らないようにアルミホイルをかぶせる。下にふきんを敷くのは火のあたりをやわらげるため。

from Tsukahara

ゆすったときに中央が大きく波打つ場合は、追加で加熱が必要です（鍋に戻してふたをし、時間は様子を見て加減する）。

＊厚みのある陶器（マグカップなど）を使う場合は火通りが悪いので、加熱時間を長めにするなど調整が必要です。

Arrangement

ミルクティープリン

紅茶の香りとミルクのコクが
ギュッと詰まったなめらかプリン。
絶対に外さないおいしさです。
紅茶は香りがよいアールグレイが
おすすめですが、ほかの種類でも。

材料（容量200mlの耐熱容器3個分）
プリン液
　卵 ― 100g（約2個）
　グラニュー糖 ― 50g
　牛乳 ― 400g
　アールグレイの茶葉 ― 5g
好みで生クリーム ― 適量

作り方
❶ プリン液を作る。ボウルに卵を入れて泡立て器でよく溶きほぐし、グラニュー糖を加えて混ぜる。
❷ 鍋に牛乳と茶葉を入れて火にかけ、沸騰直前まで温めて火を止める。ふたをして10分おき、再び火にかけて沸騰直前まで温める。❶に2回に分けて加え、そのつどよく混ぜる。
❸ 「素朴なプリン」の手順3〜5 (p.55) と同様に作る。

10分おいて蒸らし、アールグレイの香りと風味を引き出す。

 from Tsukahara

ほかの紅茶味のお菓子はこまかく砕いた茶葉を使っていますが、
プリンの場合は底に沈殿してしまうので、
ここではふつうの茶葉を使います（容器に移す前に必ずこす）。
ティーバッグを使っても構いません（同じグラム数、蒸らし時間も同じ）。

Arrangement

かぼちゃプリン

かぼちゃ特有のねっとりとした舌ざわり。
野菜のもつ甘みを生かした
ヘルシーなプリンです。
生クリームの代わりに、はちみつや
メープルシロップをかけてもOK!

材料（容量200mlの耐熱容器3個分）
プリン液
　かぼちゃ ― 正味140g
　グラニュー糖 ― 40g
　卵 ― 80g
　牛乳 ― 280g
好みで生クリーム ― 適量

作り方

❶ プリン液を作る。かぼちゃは皮をむき、小さく切り分けて耐熱ボウルに入れる。ラップをかけて電子レンジ（500W）で約5分加熱し、ゴムべらでなめらかになるまでつぶす。

❷ グラニュー糖を加えて混ぜ、溶きほぐした卵を加えて泡立て器で混ぜる。

❸ 鍋に牛乳を入れて沸騰直前まで温め、❷に2回に分けて加え、そのつどよく混ぜる。

❹ 「素朴なプリン」の手順3〜5（p.55）と同様に作る。

かぼちゃはレンジ加熱でお手軽。卵や牛乳と混ざりやすいよう、つぶしてペースト状にする。

 from Tsukahara

かぼちゃは繊維が多いため、プリン液をこしたときに
ざるに多少残ります（ざるに残ったものは使用しない）。

トッピングは缶詰を活用
桃のパンナコッタ

濃厚な味わいでなめらかな口どけのイタリアのお菓子。
桃の缶詰は果肉だけでなく、シロップもジュレに使います。

材料（容量200mlの器3個分）
パンナコッタ液
- 生クリーム — 150g
- 牛乳 — 250g
- グラニュー糖 — 40g
- A 粉ゼラチン — 5g
  水 — 20g

ジュレ
- 桃の缶詰のシロップ — 150g
- 水 — 80g
- B 粉ゼラチン — 3g
  水 — 15g

桃の缶詰（半割）— 1切れ
＊1缶425g（固形量240g）を使用

準備
・A、Bはそれぞれ、粉ゼラチンに分量の水を加えて混ぜ、冷蔵室に15分おいてふやかす。

作り方
パンナコッタ液を作る
1 鍋に生クリーム、牛乳、グラニュー糖を入れて火にかけ、泡立て器で混ぜながらグラニュー糖を溶かす。沸騰直前で火を止め、Aを加えて溶かす。

容器に入れて冷やす
2 鍋底を冷水にあて、ゴムべらで混ぜながら粗熱をとる。容器に等分に流し入れ、ラップをかけて冷蔵室で4〜5時間冷やす。

ジュレを作って冷やす
3 鍋をきれいにして桃の缶詰のシロップと水80gを入れて火にかけ、沸騰したら火を止め、Bを加えて溶かす。そのままおいて粗熱がとれたらラップをかけ、冷蔵室で4〜5時間冷やす。

仕上げ
4 桃は約1cm角に切る。3をフォークで崩し、桃とともに2にのせる。

氷水ではなく、冷水でOK！

混ぜながら冷ますと、全体が均一な状態になる。冷水はぬるくなったら取り替えて。

from Tsukahara
パンナコッタとジュレ、どちらにもゼラチンを使います（A、B）。量が違うので、間違えないように注意しましょう。

Chapter 2 ― 桃のパンナコッタ

Column 8　粉ゼラチンの扱い方

粉ゼラチンはふやかして使いますが、加える順番に気をつけましょう。

水に振り入れる

粉ゼラチンに水を振り入れて混ぜ、冷蔵室に15分おいてふやかす。加える順番が逆だとダマになりやすいので、注意する。

しっかり溶かす

生地のベースになる液体にゼラチンを加えて混ぜながら溶かす。溶け残りがあると固まる力が弱くなるので、よく確認する。

from Tsukahara

ゼラチンの主成分のたんぱく質は熱に弱く、熱が入りすぎると固まりにくくなることがあります。ベースになる液体を温めて火からおろし、余熱を利用してゼラチンを溶かしてください（火にかけたまま溶かさない）。

＊液体に直接振り入れられる商品はふやかさずに使っても構いません（レシピ通り、ふやかして使うことも可能）。

Arrangement

いちごのパンナコッタ

いちごをレンジ加熱して混ぜると
かわいいピンクのパンナコッタに。
果肉たっぷりのいちごソースも
電子レンジであっという間に完成です。

材料（容量200mlの器3個分）

パンナコッタ液
いちご — 150g
グラニュー糖 — 45g
生クリーム — 150g
牛乳 — 150g
A｜粉ゼラチン — 5g
　｜水 — 25g

いちごソース
｜いちご — 150g
｜グラニュー糖 — 15g

準備
・Aの粉ゼラチンは分量の水を加えて混ぜ、冷蔵室に15分おいてふやかす。

作り方

❶ パンナコッタ液を作る。いちご150gは耐熱ボウルに入れてグラニュー糖をからめ、ラップをかけて電子レンジ（500W）で約3分加熱する（途中で一度取り出して混ぜる）。取り出してフォークでいちごをつぶす。

❷ 「桃のパンナコッタ」の手順1〜2（p.58）と同様に作るが、手順1で生クリーム、牛乳、❶を入れて火にかけ、あとは同じ。

❸ ソースを作る。いちご150gは5mm角に切り、きれいにした耐熱ボウルに入れてグラニュー糖をまぶす。ラップをかけて電子レンジ（500W）で約3分加熱し（途中で一度取り出して混ぜる）、粗熱がとれたら❷にかける。

from Tsukahara

いちごは加熱してつぶしたり、刻んでソースにしたりするので、形がふぞろいなものや小粒のいちごでも大丈夫です。

煮る作業は
電子レンジにお任せ！

パンナコッタ液になじみやすいよう、いちごの繊維を断ち切るようにつぶす。

メレンゲは使わず生クリームでふんわり

ヨーグルトムース

ふんわり軽い口どけで、あと味さっぱり。
ソースを合わせるので、ムースの甘さは控えめです。

→ 作り方はp.62

Chapter 2 ── いちごのパンナコッタ／ヨーグルトムース

ヨーグルトムース

材料（容量600mlの容器1個分）

ムース生地
- 牛乳 ― 40g
- A｜粉ゼラチン ― 3g
  ｜水 ― 15g
- プレーンヨーグルト ― 120g
- グラニュー糖 ― 35g
- 生クリーム ― 120g

マンゴーソース
- 冷凍マンゴー ― 80g
- グラニュー糖 ― 10g
- 水 ― 50g

好みで冷凍マンゴー ― 適量

準備
・Aの粉ゼラチンは分量の水を加えて混ぜ、冷蔵室に15分おいてふやかす。

from Tsukahara
ここでは大きな容器で作りましたが、1人分の容器で作っても構いません。

ムース生地を作る

1

鍋に牛乳を入れて沸騰直前まで温め、火からおろしてAを加えて溶かす。

from Tsukahara
牛乳は電子レンジで加熱してもOK。加熱時間は500Wで約1分が目安。ゼラチンの溶け残りがないよう、よく確認しましょう。

2

ボウルにヨーグルトとグラニュー糖を入れて泡立て器で混ぜ、1を加えてよく混ぜる。

ソースを作る

5

マンゴーは凍ったまま入れてOK

ソースの材料を鍋に入れ、耐熱のゴムべらでマンゴーをつぶしながら少しとろみがつくまで弱火で煮る。容器に移し、冷めたら冷蔵室で保存する。

from Tsukahara
とろみの目安はp.64のフルーツソースと同じです。

仕上げ

6

皿に5を広げ、好みで凍ったままのマンゴーを5mm角に切って中央にのせる。お湯であたためたスプーンで4をすくってのせる。

62

3

ぐるぐる混ぜてOK

別のボウルに生クリームを入れて泡立てる（下記参照）。すくったときにやわらかい角が立つくらいが目安。**2**に加えて泡立て器でなじむまで混ぜる。

4 容器に入れて冷やす

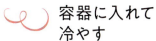

容器に流し入れてラップをかけ、冷蔵室で4〜5時間冷やす。

from Tsukahara

ホイップした生クリームが入ることで、
口どけのよいふんわりしたムースになります。

Column 9
生クリームの泡立て方

生地に混ぜたり仕上げにトッピングしたりと
お菓子作りでよく登場する生クリームの泡立てのコツをご紹介します。

材料
生クリーム
砂糖（グラニュー糖など）
＊分量はレシピに合わせて用意する。

準備
・生クリームは直前まで冷蔵室におく。
・ボウルはきれいに洗い、水分をふき取る。

砂糖は最初に

砂糖をあとから加えると、均一に溶けるまでに泡立てすぎることがあるため最初に加える。

from Tsukahara

砂糖は粒子がこまかいグラニュー糖がおすすめ。生クリームは乳脂肪分が高いほど早く泡立ちますが、その分泡立てすぎて目標の状態を通り越してしまうこともあります。乳脂肪分35%前後が扱いやすいです。

底を氷水にあてる

生クリームの油脂の粒子は冷たい状態のほうが安定し、空気をたくさん含みやすい。泡立て器を前後に直線的に動かすのがコツ。

ハンドミキサーを使ってもOK！

さっと煮るだけ
フルーツソース 2 種

身近な果物で手軽に作れるソースです。
ヨーグルトムースやレアチーズケーキ、
パンナコッタなどにどうぞ。
冷蔵室で保存し、3日以内に食べきってください。

ベリーソース

冷凍フルーツで簡単！ 果肉たっぷりで
白いデザートに映えるソースです。

材料（作りやすい分量）
冷凍ミックスベリー ― 150g
グラニュー糖 ― 30g
水 ― 20g
＊ベリーの種類はなんでも OK。

作り方
1 鍋にすべての材料を入れて弱めの中火にかけ、耐熱のゴムべらで果肉をつぶしながら、少しとろみがつくまで煮て火を止める。
2 容器に移して冷まし、冷蔵室で保存する。

from Tsukahara

ミックスベリーは凍ったまま入れて OK！
ほかの冷凍フルーツにも応用できるレシピです。

キウイソース

甘酸っぱくさわやかな味わいのソース。
ヨーグルトやパンケーキにも合います。

材料（作りやすい分量）
キウイフルーツ ― 1個（正味100g）
グラニュー糖 ― 20g
水 ― 15g

作り方
1 キウイは皮をむいて5mm厚さのいちょう切りにし、ほかの材料とともに鍋に入れて弱めの中火にかける。耐熱のゴムべらで果肉をつぶしながら、少しとろみがつくまで煮て（写真）火を止める。
2 容器に移して冷まし、冷蔵室で保存する。

鍋底をゴムべらでこそげたら跡が残り、少しすると消えるくらいの状態が目安。

混ぜて冷やすだけ！
レアチーズケーキ

冷やし固めるだけの簡単チーズケーキ。冷凍ブルーベリーや
ラム酒漬けのレーズンを底に入れてもおいしいです。

→ 作り方はp.66

Chapter 2 ── フルーツソース2種／レアチーズケーキ

レアチーズケーキ

材料（直径12cmの丸型1個分）

タルト生地
- ビスケット（市販品） — 70g
- バター（食塩不使用） — 40g

フィリング
- クリームチーズ — 150g
- グラニュー糖 — 20g
- 生クリーム — 50g＋120g
- A 粉ゼラチン — 3g
  　水 — 15g

準備

・クリームチーズは室温にもどす（急ぐときはp.48「クリームチーズがかたいときは」を参照）。
・バターは電子レンジ（500W）で30〜40秒加熱して溶かす。
・型にクッキングシートを敷く（p.17参照）。
・Aの粉ゼラチンは分量の水を加えて混ぜ、冷蔵室に15分おいてふやかす。

1 型にタルト生地を敷く

「ラズベリークランブルタルト」の手順**1〜3**（p.26）と同様にタルト生地を型に敷き、冷蔵室で冷やす。

from Tsukahara

タルト生地の土台は食感のアクセントになりますが、面倒な場合は省いても作れますよ。

2 フィリングを作る

クリームチーズはボウルに入れてゴムべらでほぐし、グラニュー糖を加えて混ぜる。

4

一度に全部入れてOK！

別のボウルに生クリーム120gを入れ、やわらかい角が立つまで泡立てる（p.63参照）。**3**に加えて泡立て器でなじむまでよく混ぜる。

from Tsukahara

生クリームを泡立てるのは、空気を含ませてケーキを軽い食感に仕上げるためです。

3 溶け残りがないように!

生クリーム50gは耐熱容器に入れてラップをかけ、電子レンジ(500W)で約50秒温める。Aを加えて溶かし、2に加えてゴムべらでなじむまで混ぜる。

from Tsukahara
ここの生クリームはゼラチンを
溶かして生地に混ぜる役割です。

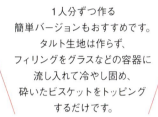

1人分ずつ作る
簡単バージョンもおすすめです。
タルト生地は作らず、
フィリングをグラスなどの容器に
流し入れて冷やし固め、
砕いたビスケットをトッピング
するだけです。

5 型に入れて冷やす

このあとは冷凍室へ!

1に流し入れてならし、冷凍室で約5時間冷やし固める。熱めの湯に浸したふきんを型にあてて温め、ケーキを取り出す(p.27参照)。

from Tsukahara
冷凍室でケーキの中心部までしっかり
冷やすと切り分けやすくなります。

ソースをかけても

レアチーズケーキ自体は甘さ控えめなので、
p.64で紹介している「フルーツソース」を
かけて食べるのもおすすめです。

Chapter 2 ── レアチーズケーキ

オーブン不使用！冷やし固めるケーキ
抹茶の生チョコタルト

ほろ苦い抹茶＆チョコレートのまったり濃厚な味わいが楽しめるひんやりケーキ。
実作業は10分かからず、このクオリティ！

材料（直径12cmの丸型1個分）
タルト生地
| ビスケット（市販品）— 70g
| バター（食塩不使用）— 40g

フィリング
| チョコレート（ホワイト）— 220g
| 抹茶パウダー（p.39）— 7g
| 生クリーム — 90g

準備
・バターは電子レンジ（500W）で30〜40秒加熱して溶かす。
・型にクッキングシートを敷く（p.17参照）。

作り方
1 「ラズベリークランブルタルト」の手順**1〜3**（p.26）と同様にタルト生地を型に敷き、冷蔵室で冷やす。
2 フィリングを作る。チョコレートは耐熱ボウルに入れ、電子レンジで溶かす（p.73参照）。抹茶パウダーをふるって加え、泡立て器で混ぜる。
3 生クリームは耐熱容器に入れてラップをかけ、電子レンジ（500W）で約1分20秒温め、**2**に加えて混ぜる。
4 **1**に流し入れ、ラップをかけて冷凍室で約4時間冷やし固める。

抹茶パウダーはダマになりやすいので、必ずふるって加える。

生クリームは温めて加えることで、チョコレートと混ざりやすくなる。

from Tsukahara

取り出すときはp.27の方法で。
冷凍室においてもカチカチにはならず、
簡単に切れますよ。
切り分け方はp.49を参考にしてください。

Chapter 2 ── 抹茶の生チョコタルト／生チョコタルト

Arrangement

生チョコタルト

チョコレートの種類を変えたバージョンです。
材料も少なく、シンプルレシピで失敗なし！

材料（直径12cmの丸型1個分）
タルト生地
| ビスケット（市販品）── 70g
| バター（食塩不使用）── 40g
フィリング
| チョコレート（スイート）── 200g
| 生クリーム ── 130g

準備
・「抹茶の生チョコタルト」(p.68)と同様。

作り方
「抹茶の生チョコタルト」(p.68)と同様に作るが、手順**2**で抹茶パウダーは加えず、手順**3**で生クリームを電子レンジで温める時間は1分40秒にし、あとは同じ。

69

Extra Recipe 2

バレンタインのとっておきスイーツ

大切な人にプレゼントしたくなる
簡単に作れて味も見た目も大満足のチョコレートのお菓子をご紹介します。

「混ぜる＆冷やす」でほぼ完成
生チョコ

なめらかな口どけがやみつきになりそう。
誰が作っても失敗なしの簡単レシピなのに、お店で買ったみたいに高見えします。
冷蔵室で保存し、作ってから3日以内に食べきってください。

材料（3.5×3.5cmのもの約15個分）
チョコレート（スイート） ― 200g
生クリーム ― 90g
バター（食塩不使用） ― 20g
ココアパウダー（無糖） ― 適量

準備
・バターは室温にもどす。
・バット（14×21×高さ3cm）にラップを敷く。

作り方
ガナッシュを作る
1 チョコレートは耐熱ボウルに入れ、電子レンジで溶かす（p.73参照）。
2 生クリームは耐熱容器に入れてラップをかけ、電子レンジ（500W）で約1分20秒温める。1に加え、泡立て器でなじむまで混ぜる（写真 a）。
3 バターを加えて（写真 b）混ぜる。

冷やす
4 バットに流して（写真 c）ならし、ラップをかけて冷凍室で約5時間冷やし固める。

仕上げ
5 バットから取り出して3.5×3.5cmに切り分け、ココアパウダーを全体にまぶす（写真 d）。

from Tsukahara

熱めの湯で包丁を温めるときれいに切れます。
手の熱でも溶けるので、生チョコに長く触れないよう
ココアパウダーはなるべく手早くまぶしましょう。

板チョコを使う場合は、
必ずブラックを選んでください。
ミルクはカカオ分以外に砂糖や植物性油脂を
多く含むため、固まりにくくなります。

Extra Recipe 2　バレンタインのとっておきスイーツ　——　生チョコ

a　空気が入らないよう小さく動かす

b　バターのコクをプラス

c　バットのサイズは多少違ってもOK！

d

Extra Recipe 2

電子レンジで「溶かす＆混ぜる」で簡単！
ブラウニー

170℃ 45分

ナッツぎっしりでインパクトがあるリッチな味わいのチョコレートケーキ。
直径12cmならホールでプレゼントしてもほどよい量です。

材料（直径12cmの丸型1個分）
- チョコレート（スイート） ― 45g
- バター（食塩不使用） ― 60g
- グラニュー糖 ― 75g
- 卵 ― 50g（約1個）
- 薄力粉 ― 30g
- ココアパウダー（無糖） ― 5g
- くるみ ― 30g
- アーモンド ― 20g

準備
- バターは電子レンジ（500W）で30〜40秒加熱し、様子を見て追加で10秒ずつ加熱して溶かす。
- 型にクッキングシートを敷く（p.17参照）。

作り方

生地を作る

1 チョコレートは耐熱ボウルに入れて電子レンジで溶かし（p.73参照）、溶かしたバターとグラニュー糖を加えて泡立て器で混ぜる。

★オーブンは170℃に予熱開始

2 溶きほぐした卵を加えてさらに混ぜ、薄力粉とココアパウダーをふるいながら加えて混ぜる。

型に入れて焼く

3 型に流し入れてならし、くるみとアーモンドをのせ、軽く押さえて生地に接着させる（写真）。170℃のオーブンで約45分焼く。

4 粗熱がとれたら型から取り出し、ケーキクーラーなどにのせて冷ます。

全部のナッツに生地がつくように

from Tsukahara

ナッツはのせるだけだと
焼いたあとにはがれやすいので、
押し込むようにして生地に密着させます。

切り分ける前は
こんな感じ。

Extra Recipe 2 バレンタインのとっておきスイーツ ─── ブラウニー

Column 10　チョコレートの溶かし方

湯せんで溶かす方法でも構いませんが、
電子レンジならうっかり湯が入る心配がなく手軽です。

電子レンジで様子を見ながら加熱

チョコレートが100g以上の場合、耐熱ボウル（または耐熱容器）にチョコレートを入れ、ラップをかけずに電子レンジ（500W）で約1分加熱する。混ぜて溶け具合を確認し、追加で20〜30秒ずつ加熱し、そのつど状態を確認する。

from Tsukahara

チョコレートが100g以下の場合は最初の加熱を30秒にし、様子を見て追加で10秒ずつ加熱します。
板チョコを使う場合は適当な大きさに刻んでから溶かしましょう。

Extra Recipe 2

冷やして切るだけ！
チョコレートサラミ

ナッツやドライフルーツが
味・彩り・食感のアクセントになります。
お酒との相性もいいチョコスイーツです。

材料（直径約5cm×20cmの棒状1本分）
チョコレート（スイート） ― 100g
生クリーム ― 50g
A ┃ くるみ ― 25g
　┃ アーモンド ― 25g
　┃ マシュマロ ― 25g
　┃ ピスタチオ ― 25g
　┃ ドライクランベリー ― 25g
　┃ レーズン ― 25g
粉糖 ― 適量

準備
・くるみとアーモンドは粗く刻み、
マシュマロは1cm大に切る。

作り方
ガナッシュを作る
1 チョコレートは耐熱ボウルに入れ、電子レンジで溶かす（p.73参照）。耐熱容器に生クリームを入れてラップをかけ、電子レンジ（500W）で約50秒温めてチョコレートのボウルに加え、泡立て器でなじむまで混ぜる。

具を混ぜる
2 1にAを加えてゴムべらで混ぜる。

成形して冷やす
3 大きめに切ったラップにのせて棒状にまとめ（直径約5cm）、両端をねじってとめる。冷凍室で約4時間冷やし固める。最初の1時間は30分おきに2回冷凍室から出して台にのせ、平らなものをあてて転がし（写真／ここではバットを使用）、形をととのえる。

仕上げ
4 ラップをはがして表面に粉糖をまぶし、食べやすく切り分ける。

完全に固まる前に
転がして
形をととのえる

from Tsukahara

くるみとアーモンドはローストする
（180℃のオーブンで約7分）と、
さらに風味がアップします。
固めたあとラップの
しわが目立っても、
粉糖をまぶすので大丈夫！

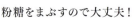

Chapter 3

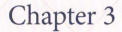

プレゼントにぴったり

ちいさな焼き菓子とクッキー

焼き菓子のいいところは、日持ちがすること。
形が崩れにくく持ち運びしやすいので、
プレゼントにもおすすめです。
マフィンは市販のベーキングカップを使いますが、
スコーンやクッキーは型がなくても大丈夫です。

バターは練り混ぜる必要なし！
ブルーベリーとクリームチーズのマフィン

180℃ 30分

溶かしバターを使って作るしっとり食感のマフィン。
バターをもどす必要がなく、思い立ったらすぐに作れます。
この手軽さをぜひ実感してみてください！

材料（容量135mlのベーキングカップ4個分）
- 卵 — 100g（約2個）
- グラニュー糖 — 65g
- アーモンドパウダー — 20g
- 薄力粉 — 55g
- ベーキングパウダー — 1g
- バター（食塩不使用） — 70g
- 冷凍ブルーベリー — 50g
- クリームチーズ — 20g

準備
・バターは電子レンジ（500W）で30〜40秒加熱し、様子を見て追加で10秒ずつ加熱して溶かす。
・クリームチーズは1cm角に切る。

作り方
生地を作る
1 ボウルに卵を入れて溶きほぐし、グラニュー糖を加えて泡立て器で混ぜる。
2 アーモンドパウダーを加えて混ぜ、薄力粉とベーキングパウダーをふるって加え、さらに混ぜる。

★オーブンは180℃に予熱開始

3 溶かしたバターを加えて混ぜる。

カップに入れて焼く
4 ベーキングカップに生地の1/3量を等分に流し入れ、ブルーベリーを4粒入れ、その上から残りの生地を等分に流し入れる。
5 ブルーベリーとクリームチーズを等分にのせ、180℃のオーブンで約30分焼く。

ぐるぐる混ぜるだけ

溶かしたバターを混ぜるので、分離する心配なし。

ブルーベリーがまんべんなく行き渡るよう、生地もブルーベリーも2回に分けて入れる。

Arrangement

バナナマフィン

焼いているときから
バナナの甘い香りが漂い、
期待感が爆上がり。
世代を問わず人気の味です。

180℃
30分

材料（容量135mlのベーキングカップ4個分）
バナナ — 正味100g＋60g（飾り用）
卵 — 50g（約1個）
グラニュー糖 — 70g
アーモンドパウダー — 20g
薄力粉 — 70g
ベーキングパウダー — 3g
バター（食塩不使用）— 50g

準備
・バターは電子レンジ（500W）で
40〜50秒加熱して溶かす。

作り方
1 バナナ100gはフォークなどでつぶし、ピューレ状にする（写真）。
2 「ブルーベリーとクリームチーズのマフィン」の手順1〜3（p.77）と同様に作るが、手順1の最後に1を加えて混ぜる。あとは同じ。
3 ベーキングカップに等分に流し入れて、飾り用のバナナ60gを5mm厚さの輪切りにして3枚ずつのせ、180℃のオーブンで約30分焼く。

生地になじみやすいよう、フォークでしっかりつぶす。

from Tsukahara

バナナが入ると少しふくらみにくくなるため、
ベーキングパウダーを増やしています。
分量は少しずつ違いますが、
作り方は「ブルーベリーとクリームチーズのマフィン」と同じ流れです。

バターは米粒大に刻まなくてOK！
プレーンスコーン

溶かしバターを使う手軽なレシピです。
薄力粉と強力粉、2種類をブレンドして使うのが
ザックリ食感を生み出すコツ。
→ 作り方はp.80

Chapter 3 ── バナナマフィン／プレーンスコーン

プレーンスコーン

材料（5cm大のもの4〜5個分）

薄力粉 —140g
強力粉 —65g
ベーキングパウダー —5g
グラニュー糖 —30g
バター（食塩不使用）—80g
生クリーム —50g
プレーンヨーグルト —30g
はちみつ —10g
卵（照り出し用）—適量

準備
・バターは電子レンジ（500W）で30〜40秒加熱し、様子を見て追加で10秒ずつ加熱して溶かす。
・天板にクッキングシートを敷く。

from Tsukahara

一般的なレシピでは、冷やしたバターを粉と合わせて米粒大まで刻みますが、その手間を省いた簡単バージョンのレシピをご紹介します。

生地を作る

1 粉類は次々加えてOK

ボウルに薄力粉、強力粉、ベーキングパウダーを合わせてふるい入れ、グラニュー糖を加えて泡立て器で混ぜる。

2

別のボウルに溶かしたバター、生クリーム、ヨーグルト、はちみつを入れて混ぜ、**1**に加える。

成形して焼く

5

半分に切って重ねた状態（1回目）

ラップ2枚ではさんで約3cm厚さの正方形にのばし、半分に切って重ね（1回目）、約3cm厚さの長方形にのばす（約8×16cm）。さらに半分に切って重ね（2回目）、約3cm厚さの正方形にのばす（約12×12cm）。

Chapter 3 ── プレーンスコーン

3

粉っぽさがなくなってひとまとまりになるまでゴムべらで混ぜる。

 from Tsukahara

最初はポロポロとした状態ですが、徐々に粉が水分を吸ってなじんできます。ゴムべらでボウルの内側に押しつけるようにすると自然にまとまります。

休ませる

4

ラップにのせて正方形に形をととのえて包み、冷蔵室で約30分冷やす。

★オーブンは190℃に予熱開始

 from Tsukahara

正方形にととのえておくと、休ませたあとにのばすのがラクです。

ここから半分に切って
重ねる（2回目）

 from Tsukahara

「切る→重ねる→のばす」これを繰り返すことで生地の層を作ります。
大きさは目安です。
多少違っても最終的に3cm厚さの正方形になればOK。

6

型で抜いて
焼いてもOK

190℃
30分

4辺を少し切り落とし（見映えをよくするため）、正方形になるように4等分する。切り落とした生地は集めて同じくらいの大きさにする。天板にのせてはけで溶き卵を塗り、190℃のオーブンで約30分焼く。

 from Tsukahara

焼きたてがベストですが、時間が経った場合は電子レンジで軽く温めるとおいしくいただけます。

81

Arrangement

チョコスコーン

ココアの風味豊かで
チョコレートがごろっと入った
チョコ好きにはたまらない
ぜいたくなスコーンです。

190℃
30分

材料（5cm大のもの4〜5個分）
薄力粉 —125g
強力粉 —65g
ココアパウダー（無糖）—15g
ベーキングパウダー —5g
グラニュー糖 —30g
バター（食塩不使用）—80g
生クリーム —50g
プレーンヨーグルト —30g
はちみつ —10g
チョコレート（スイート）—50g

準備
・バターは電子レンジ（500W）で30〜40秒加熱し、様子を見て追加で10秒ずつ加熱して溶かす。
・チョコレートは5mm大に刻む。
・天板にクッキングシートを敷く。

作り方
「プレーンスコーン」（p.80〜81）と同様に作るが、手順1で粉類と一緒にココアパウダーもふるって加え、手順3でひとまとまりになったらチョコレートを加えて混ぜる。あとは同じ。

 from Tsukahara

チョコチップを使えば、チョコレートを刻む手間を省けます。焼き菓子には、焼いても溶けにくいタイプがおすすめ（右記）。さらに刻んだくるみやアーモンドを加えてもおいしいです。

これ、便利です！
cotta 溶けにくい
チョコチップ

焼いても溶けにくく、スコーンのほか、マフィンやクッキーなど焼き菓子全般におすすめ。
200g入り／cotta

Chapter 3

卵不使用だからラクラク！
プレーンスノーボールクッキー

卵が入らないので、生地作りは驚くほど簡単！
サクサクほろほろで口どけのよいクッキーは
形もかわいらしくてプレゼントにおすすめです。
→ 作り方はp.84

チョコスノーボールクッキー
→ 作り方はp.85

いちごスノーボールクッキー
→ 作り方はp.85

チョコスコーン／プレーンスノーボールクッキー

プレーン スノーボールクッキー

材料（3cm大のもの約25個）
- バター（食塩不使用）— 90g
- グラニュー糖 — 20g
- くるみ — 40g
- 薄力粉 — 55g
- 強力粉 — 65g
- 粉糖 — 適量

準備
・バターは室温にもどす。
・くるみは2〜3mm大に刻む。
・天板にクッキングシートを敷く。

クッキー生地を作る

1

ボウルにバターを入れ、グラニュー糖を加えてゴムべらで練り混ぜ、くるみを加えて混ぜる。

2

薄力粉と強力粉をふるって加え、ゴムべらで混ぜ合わせる。

生地を休ませる

4

ラップ2枚ではさんで平らにのばして包み、冷蔵室で約3時間冷やす。

★オーブンは170℃に予熱開始

from Tsukahara
この状態で冷凍保存も可能です。冷凍した生地は冷蔵室で解凍して、手順5からは同様に。

成形して焼く

5
170℃ 20分

スケールで計量して分割

生地を10gずつに分割して丸め、天板に並べる。170℃のオーブンで約20分焼く。天板にのせたまま粗熱をとる。

from Tsukahara
天板が1枚しかなく並べきれない場合は、2回に分けて焼く
（生地は冷蔵室におき、天板が冷めてから並べる）。

---

from Tsukahara

卵不使用の生地だから
分離の心配がなく、
成形も丸めるだけと簡単で
お菓子作りビギナー向き。
もし、少し焼き色が強めに
ついたとしても、
粉糖をまぶすので
気にしなくても
大丈夫です。

Arrangement

3 袋を使ってラクラク

ある程度混ざったらポリ袋に移し、袋の上から手で押さえて混ぜ、ひとまとまりにする。

チョコスノーボールクッキー

ココアパウダーを加えてチョコ風味に。

170℃ 20分

材料（3cm大のもの約28個）
- バター（食塩不使用） — 90g
- グラニュー糖 — 40g
- くるみ — 40g
- 薄力粉 — 115g
- ココアパウダー — 20g
- 粉糖 — 適量

準備
「プレーンスノーボールクッキー」(p.84)と同様。

作り方
「プレーンスノーボールクッキー」(p.84～85)と同様に作るが、手順2で薄力粉とココアパウダーをふるって加え（強力粉は入らない）、あとは同じ。

仕上げ
6 一度にたくさん入れすぎないこと

粉糖をボウルに入れる。粗熱がとれてクッキーがまだ温かいうちに、5～6個ずつ入れて粉糖をまぶす。完全に冷めたら同じ作業をもう一度行う。

from Tsukahara

1回目のまぶす作業はクッキーが温かいうちに！ 冷めてしまうと粉糖がつきにくくなります。

いちごスノーボールクッキー

生地とまぶす粉糖、両方にいちごパウダーをプラス。

170℃ 20分

材料（3cm大のもの約22個）
- バター（食塩不使用） — 90g
- グラニュー糖 — 20g
- 薄力粉 — 55g
- 強力粉 — 65g
- いちごパウダー — 10g
- A ｜ 粉糖 — 40g
  ｜ いちごパウダー — 10g

準備
- バターは室温にもどす。
- 天板にクッキングシートを敷く。

作り方
「プレーンスノーボールクッキー」の手順1～5 (p.84～85)と同様に作るが、手順1でくるみは加えず、手順2で粉類と一緒にいちごパウダーもふるって加える。Aは合わせてふるい、「プレーンスノーボールクッキー」の手順6(p.85)と同様にクッキーにまぶす。

これを使いました！
cotta フリーズドライ いちごパウダー

糖度が高くほどよい酸味の「あまおう」を使用。
粒子がこまかく生地や粉糖になじみやすい。30g入り／ｃｏｔｔａ

サブレフロマージュ

棒状にして切り分けるから、抜き型いらず！

170℃ 25分

チーズのコクとこしょうがピリッときいた
甘じょっぱくてお酒のお供にもなる一品です。
甘いものが苦手な人へのプレゼントにもおすすめです。

材料（5cm大のもの約18個）
- バター（食塩不使用）— 50g
- クリームチーズ — 30g
- グラニュー糖 — 50g
- 粉チーズ — 30g
- あらびき黒こしょう — 1g
- アーモンドパウダー — 25g
- 薄力粉 — 75g

準備
- バターとクリームチーズは室温にもどす。
- 天板にクッキングシートを敷く。

作り方

生地を作る

1 ボウルにバター、クリームチーズ、グラニュー糖を入れて泡立て器で白っぽくなるまで混ぜる。
2 粉チーズと黒こしょうを加えて混ぜ、アーモンドパウダーを加えてさらに混ぜる。
3 薄力粉をふるって加え、粉っぽさがなくなりひとまとまりになるまでゴムべらで混ぜる。

粉類を加える前のほうが、均一に混ざりやすい。

冷やす

4 直径約4.5cmの棒状にまとめ、ラップで包んで冷凍室で約1時間冷やす。

★オーブンは170℃に予熱開始

切り分けて焼く

5 約1cm幅に切り分けて天板に並べ、170℃のオーブンで約25分焼く。天板にのせたまま冷ます。

同じ厚さに切り分けて、火の通りを均一にする。

from Tsukahara

手順4の段階で冷凍保存も可能です。
切る前に室温に5〜10分おいて
手順5からは同様に。

生地は混ぜるだけ。成形はスプーンで簡単
アーモンドチュイール

170℃ 15分

お菓子作りで余りがちな卵白を消費できます。
パリッと軽い食感とアーモンドの香ばしさがクセになる薄焼きクッキーです。

材料（約8cm大のもの約6個）
- 卵白 — 20g
- グラニュー糖 — 30g
- 薄力粉 — 10g
- バター（食塩不使用）— 10g
- アーモンド — 70g

準備
- バターは電子レンジ（500W）で10〜20秒加熱して溶かす。
- アーモンドは2〜3mm大に刻む。
- 天板にクッキングシートを敷く。

作り方

生地を作る

1 ボウルに卵白とグラニュー糖を入れて泡立て器で混ぜ、薄力粉をふるって加え、混ぜる。
2 溶かしたバター、アーモンドの順に加え、そのつどゴムべらで混ぜる。

★オーブンは170℃に予熱開始

焼く

3 スプーンで生地をすくって天板にのせ、直径約8cmの円形に薄く広げる。170℃のオーブンで約15分焼き、天板にのせたまま冷ます。

スプーンを水でぬらすと生地がくっつきにくくなり、薄く広げやすい。

Arrangement
ごまチュイール

170℃ 15分

ごまの香ばしさがあとを引くクッキーです。
薄焼きで歯ごたえがよく、素朴な味わい。

材料（約8cm大のもの約10個）
- 卵白 — 20g
- グラニュー糖 — 30g
- 薄力粉 — 10g
- バター（食塩不使用）— 10g
- 炒りごま（白）— 70g

準備
- バターは電子レンジ（500W）で10〜20秒加熱して溶かす。
- 天板にクッキングシートを敷く。

作り方
「アーモンドチュイール」（上記）と同様に作るが、手順2でアーモンドの代わりにごまを加え、あとは同じ。

from Tsukahara

ごま入りの生地は広げやすく、アーモンドチュイールよりも枚数は多めにできます。

Column 11

お菓子作りQ＆A

インスタグラムでよく寄せられる、お菓子作りのお悩みにお答えします。
ちょっとした工夫で回避できることもあるので、参考にしてみてください。

Q 焼くときに上が焦げてしまいます。どうすると防げますか？

A アルミホイルをかぶせて火の通りをやわらげる

いい焼き色がついた段階でアルミホイルや二つ折りにしたクッキングシートをのせて、火のあたりをやわらげましょう。また、ご家庭のオーブンのクセもあるので、指定の時間より少し早めに様子を見ると安心です。

Q オーブンを持っていません。オーブントースターで作れますか？

A 基本的にはむずかしい

オーブントースターはヒーターの熱を利用します。ヒーターと食材との距離が近く、表面をこんがり焼くのに適していますが、ケーキ類は中まで火が通る前に焦げてしまいます。クッキーなど薄いものは焼けるかもしれませんが、失敗するリスクがあり、おすすめできません。

Q 底が外れるタイプの型で焼いてはダメですか？

A 型の底をアルミホイルで覆う

この本では共底タイプの丸型を使っています。底が外れるタイプ（底取型）の場合、お菓子によってはタルト土台のバターや生地が流れ出ることも。底取型の場合は底全体をアルミホイルで覆って使いましょう。

天板への流出をストップ！

Q プリンの表面がデコボコに。なめらかにするコツは？

A 表面にラップを沿わせる

容器に流し入れたときに泡が残っていたのが要因と思われます。スプーンやキッチンペーパーで取り除いてから蒸しましょう。実は、もっとラクな方法も。容器に移す前にプリン液の表面にラップを沿わせ、ラップを取り除くと一緒に泡もなくなります。

Q 焼き上がりはふくらんでいたのに、冷ますと凹みました。防ぐ方法は？

A 生地を静かに混ぜ、焼く前に型をトントン

生地を勢いよく混ぜて空気が入りすぎたのかもしれません。空気を多く含むと焼く間に中の空気は膨張し、冷ますときに蒸気が外に逃げ、しぼむことがあります。混ぜるときに泡立て器を静かに動かし、焼く前に型を台に軽く打ちつけて中の空気を逃しましょう。

ぴったり沿わせる

Extra Recipe 3

ちょっと頑張ってチャレンジ！
お店みたいな上級者スイーツ

プロの味に挑戦！
バターサンドクッキー

うちの店の通販で一番人気のバターサンドクッキーを
ご家庭で作りやすくアレンジしました。
手順をていねいにご紹介しますので、ぜひ作ってみてください。
プレゼントしたら「お店で買ったの？」と言われるかも。
そんな褒め言葉が聞けるといいですね。

チョコ
→ 作り方はp.94

ラムレーズン
→ 作り方はp.92

Extra Recipe 3

バターサンドクッキー
「ラムレーズン」で説明します

材料（約5cm大のもの8個）

クッキー生地
- バター（食塩不使用） — 65g
- グラニュー糖 — 25g
- 塩 — 1g
- 卵黄 — 15g
- 牛乳 — 10g
- 薄力粉 — 85g

バタークリーム
- チョコレート（ホワイト） — 15g
- 生クリーム（乳脂肪分35％） — 15g
- バター（食塩不使用） — 40g
- クリームチーズ — 20g
- グラニュー糖 — 10g
- はちみつ — 3g

- レーズン — 40g
- 好みでラム酒 — 適量

準備
- クッキー生地用とバタークリーム用のバター、クリームチーズは室温にもどす。
- レーズンは熱湯にくぐらせ、冷めたらラム酒に漬ける。

- 天板にクッキングシートを敷く。

クッキー生地を作る

1

ボウルにバター、グラニュー糖、塩を入れて泡立て器で白っぽくなるまで混ぜる。

2

卵黄と牛乳をよく混ぜて加え、さらに混ぜる。

 from Tsukahara

バターは空気を含むと白っぽくなり、さっくりと焼き上がります。塩は甘味を引き立てるために加えます。

型で抜いて焼く

5

シートをはがして直径約5cmの丸型で抜き、天板に並べる。余った生地は集めて3mm厚さにのばし、同様に型で抜く。

6

180℃ 25分

180℃のオーブンで約25分焼き、ケーキクーラーなどにのせて冷ます。

 from Tsukahara

のばし方にもよりますが、約16枚できます。
抜き型がなければ、包丁などで四角く切って焼いても構いません。

3

薄力粉をふるいながら加え、粉っぽさがなくなりひとまとまりになるまでゴムべらで混ぜる。

休ませる

4

シートではさむと
台もめん棒も汚れない

クッキングシート2枚で生地をはさみ、めん棒で約3mm厚さにのばす。シートごとラップで包み、冷凍室で約30分冷やす。

★オーブンは180℃に予熱開始

Extra Recipe 3　お店みたいな上級者スイーツ ── バターサンドクッキー

バタークリームを作る

7

p.95を参照してバタークリームを作り、汁気をきったレーズンを加えて混ぜる。

from Tsukahara

バタークリームをはさむので、完全に冷めた状態にします。

from Tsukahara

バタークリームは
クッキーを冷ます間に
作業するのがベスト！
早く作って冷蔵すると
冷えてはさみづらく、
逆に室温に長くおくと
ダレることも。

93

Extra Recipe 3

仕上げ

8

残りも同様にはさむ

クッキー1枚に7の1/8量をスプーンでのせ、もう1枚のクッキーではさむ。パレットナイフなどではみ出したクリームをならす。

from Tsukahara
クリームをならすときは、
バターナイフやミニサイズのゴムべらなどを使っても。

9

冷蔵室で1時間以上冷やす。

from Tsukahara
しっかり冷やしてクリームを落ち着かせます。保存する場合も冷蔵室で。作った日を含めて3日以内に食べきりましょう。

バターサンドクッキー「チョコ」の場合

「バターサンドクッキー ラムレーズン」の手順 **1～6**(p.92～93)と同様にクッキーを焼く。p.95を参照して「チョコバタークリーム」を作り、「バターサンドクッキー ラムレーズン」の手順 **8～9**(p.94)と同様にクッキーではさむ。

お店の通販の
バターサンドクッキー

お店ではほかにもロイヤルミルクティー、苺ミルク、ピスタチオ、中央にプラリネを絞ったものなどいろいろなバリエーションのバターサンドクッキーをそろえています。

Minifilm
https://minifilm.base.shop

Extra Recipe 3 お店みたいな上級者スイーツ ― バターサンドクッキー／バタークリーム／チョコバタークリーム

クリームチーズとチョコレートで作る
バタークリーム

空気を含ませてふんわりさせるため、ハンドミキサーが必要です。

材料（作りやすい分量・約100g）
チョコレート（ホワイト） — 15g
生クリーム（乳脂肪分35%） — 15g
バター（食塩不使用） — 40g
クリームチーズ — 20g
グラニュー糖 — 10g
はちみつ — 3g

準備
・バターとクリームチーズは室温にもどす。

作り方
1 チョコレートは耐熱ボウルに入れ、電子レンジで溶かす（p.73参照）。
2 生クリームは耐熱容器に入れてラップをかけ、電子レンジ（500W）で約30秒温める。1に加えて泡立て器でなじむまで混ぜ、粗熱がとれたら冷蔵室で冷やす。
3 別のボウルにバター、クリームチーズ、グラニュー糖、はちみつを入れ、ハンドミキサーの高速で白っぽくなるまで約2分混ぜ、空気を含ませる。
4 2を加え（写真a）、さらにハンドミキサーの高速で約2分混ぜる（写真b）。

a

ふんわりするまでしっかり撹拌
b

from Tsukahara

3日以内に食べきってください。保存する場合は冷蔵。かたくなるので使うときは室温においてゆるませ、ゴムべらでよく練ってやわらかくして使いましょう。

Arrangement
チョコバタークリーム

刻んだチョコのザクザクした食感がアクセント。

材料（作りやすい分量・約110g）
チョコレート（スイート） — 20g＋20g
生クリーム（乳脂肪分35%） — 20g
バター（食塩不使用） — 40g
クリームチーズ — 20g
グラニュー糖 — 10g
はちみつ — 3g

準備
・「バタークリーム」（上記）と同様。

作り方
「バタークリーム」（上記）と同様に作り（チョコレートの種類や生クリームの分量は違うが手順は同じ）、3mm大に刻んだチョコレート20gを加えて混ぜる。

塚原佳樹（つかはら・よしき）

北海道出身。
辻調グループ フランス校卒業後、パティシエとして7年間東京都内の製菓店にて勤務。
退職後、オンライン専門のお菓子屋さん「Minifilm」を運営。
その後、東京都調布市に実店舗をオープン。
お菓子作りの楽しさを伝えるため、これまでのお菓子作りの経験を活かしてSNSでお菓子作り初心者に向けた作りやすいレシピの投稿をスタート。
「かんたんに作れた」「初心者でもお菓子作りが好きになった！」等多くの反響をよび、Instagramのフォロワー数は15万人を突破。
（2024年7月時点）

混ぜて冷やす or 焼くだけ
おうちでかんたん
ちいさいスイーツレシピ

2024年9月3日　初版発行

著者	塚原佳樹
発行者	山下直久
発行	株式会社KADOKAWA
	〒102-8177　東京都千代田区富士見2-13-3
	電話 0570-002-301（ナビダイヤル）
印刷所	大日本印刷株式会社
製本所	大日本印刷株式会社

本書の無断複製（コピー、スキャン、デジタル化等）並びに無断複製物の譲渡および配信は、
著作権法上での例外を除き禁じられています。
また、本書を代行業者等の第三者に依頼して複製する行為は、
たとえ個人や家庭内での利用であっても一切認められておりません。

〔お問い合わせ〕
https://www.kadokawa.co.jp/ （「お問い合わせ」へお進みください）
※内容によっては、お答えできない場合があります。
※サポートは日本国内のみとさせていただきます。
※Japanese text only

定価はカバーに表示してあります。
©Tsukahara Yoshiki 2024　Printed in Japan
ISBN 978-4-04-606879-8　C0077